学ぶ人は、
変えて
ゆく人だ。

目の前にある問題はもちろん、

人生の問いや、

社会の課題を自ら見つけ、

挑み続けるために、人は学ぶ。

「学び」で、

少しずつ世界は変えてゆける。

いつでも、どこでも、誰でも、

学ぶことができる世の中へ。

JN046932

大学入試 全レベル問題集

日本史

［歴史総合，日本史探究］

渋谷教育学園幕張中学校・高等学校教諭 高橋 哲 著

2 共通テストレベル

三訂版

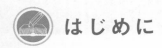

はじめに

　多くの教科・科目を学習する受験生は日本史のみに時間をかけられません。そのため問題集には何よりも「少数精鋭」であることが求められます。本書は今までの大学入試センター試験および大学入学共通テストのなかから，出題数の多い正誤選択と年代整序の形式を中心に問題を厳選しました。

　別冊の解答・解説編では解答だけではなくすべての選択肢について解説を付し，特に「似た他者」との比較を意識するとともに，新科目である「歴史総合」と「日本史探究」に向けての学習の指針や留意点も示しました。

　大学入学共通テストはまだ流動的な面がありますが，リード文や図表，概念図などが以前より増えて，歴史用語の暗記のみでは対応できない問題が増えています。思考力や読解力，データの分析力や判断力を要する問題に加えて自分の考え方まで示す問題もあるので，まずは本書で「歴史総合」や「日本史探究」の理解を深めるとともに，その出題形式を熟知することも求められます。

　中学・高校で長く歴史や日本史の授業を担当していると，毎年必ず生徒が訪れる「歳時記」的な疑問があることに気づきます。このような「定番」の問題については，生徒との質疑を通して得た知見を生かして解説を書きました。

　さまざまな因果関係や歴史的意義を考えながら入試問題と向き合うことは，単なる暗記とは異なる楽しみがあります。この問題集を通してその息吹を少しでも感じることができれば幸いです。

高橋 哲

著者紹介：**高橋 哲**（たかはしあきら）

　渋谷教育学園幕張中学校・高等学校教諭。中学歴史・高校歴史総合の教科書執筆・編集や『全国大学入試問題正解日本史』（旺文社）の解答執筆者。共著・監修に『日本史　基礎問題精講』『高校　とってもやさしい歴史総合』『高校　定期テスト　得点アップ問題集　歴史総合』（旺文社），『日本史探究 書きこみ教科書 詳説日本史』（山川出版社），『日本史の論点―論述力を鍛えるトピック60』『スタートアップ日本史論述問題集』（駿台文庫），『そのまま出る日本史の一問一答―基礎から入試問題まで』『詳解日本史用語事典』（三省堂），『日本人名大辞典』（講談社）など。

本シリーズの特長と本書の使い方

1. 自分のレベルに合った問題を短時間で学習できる！

大学の難易度別の問題集シリーズです。大学入試を知り尽くした著者が，過去のセンター試験・共通テストから問題を厳選し，レベルに応じた最適な解説を執筆しました。共通テスト対策にぴったりな問題と解説で理解が深まり，知識が定着します。

2. 共通テストの解き方がわかる『②共通テストレベル』！

過去のセンター試験（本試験・追試験）・共通テストからテーマに合った良問だけを精選。共通テストで必要とされる内容を的確におさえた解説と正誤問題チェックで，高得点を目指しましょう。

3. 学習効率重視の構成！

「歴史総合」の問題に加え，「日本史探究」では，時代順に25テーマの構成。「日本史探究」部分は1テーマにつき問題が2〜5ページ程度で構成されており，効率よく学べます。全ての小問に解説付き。間違えた問題はもちろん，正解した問題の解説も読み，自分の理解を確かなものにしましょう。

4. 出題の傾向と対策（学習法）を掲載！

6〜9ページに大学入学共通テストの傾向分析と，高得点を獲得するための解法や学習法の秘訣をまとめました。繰り返し読んで確認し，自分のものにしましょう。

▪自動採点について

採点・見直しができる無料の学習アプリ「学びの友」で、簡単に自動採点することができます。

① 以下の URL か右の二次元コードから，公式サイトにアクセスしてください。

https://manatomo.obunsha.co.jp/

② アプリを起動後，「旺文社まなび ID」に会員登録してください（無料）。

③ アプリ内のライブラリより本書を選び，「追加」ボタンをタップしてください。

※ iOS／Android 端末，Web ブラウザよりご利用いただけます。

※本サービスは予告なく終了することがあります。

目 次

本書で使用している入試問題は，原典の様式を尊重して掲載していますが，一部の問題のみを抜き出す，解答を補うなどの改題を適宜行っています。文章を大幅に変えるなどの改変があったものについては「改」と入れています。また編集上の都合により，設問文や問題番号などは，本書内で統一している箇所もあります。

4章　近世

5章　近代

6章　現代

装丁デザイン：ライトパブリシティ　　本文デザイン：イイタカデザイン

本文イラスト：株式会社さくら工芸社　株式会社ユニックス　日本ハイコム株式会社

編集協力：中土居宏樹　余島編集事務所

校閲：漆原千絵　小田嶋永　株式会社東京出版サービスセンター　株式会社ぷれす　株式会社友人社　杉山詩織

鈴木優美　名木田朋幸

写真提供：アフロ　茨城県立図書館蔵（茨城県立歴史館保管）　東京大学法学部附属明治新聞雑誌文庫所蔵

DNPアートコミュニケーションズ

「大学入学共通テスト」（試作問題）の特徴

　特に「歴史総合」（第1問）については別冊解答p2〜3を参照してほしい。

●**設問数**　「**歴史総合，日本史探究**」は60分・100点で大問6。設問数は過去3年間の共通テスト「日本史B」では32問（配点3〜4点），旧センター試験では36問（配点2〜3点），新課程用の試作問題は「歴史総合，日本史探究」が34問（配点3〜4点），「歴史総合，世界史探究」は33問であった。リード文や資料の分量が多く読みとりに時間がかかるうえ，出題形式も多様化しているため，今後も**設問数は32〜34問程度**と思われるが，**時間不足に注意**したい。資料や図版が増えたので総ページ数も増加傾向にある。

●**時代別の特徴**　試作問題の第1問は「歴史総合」で全9問（**配点25点**）。第2問以降は「**日本史探究**」で**配点75点**。第2問は原始・古代〜近現代など時代をこえて出題する「テーマ史」，第3問からは順に「古代」「中世」「近世」「近現代」が各5問（配点3点）であった。特に「歴史総合」（第1問）と「近現代」（第6問）では，**現代的諸課題との関連**を意識させる問題が多い。

●**出題形式の変化**　解答を2つ選ぶ形式や，2つの事象を組み合わせる形式は共通テストの特徴といえる。課題の探究や，あなたの判断を求める問題も増え，他の科目でも共通して内容が「**国語化**」している。特に資料（図表・地図・グラフ・写真も含む）の読みとりやデータ処理に時間を要する問題が多い。空欄補充の問題でも，単なる歴史用語ではなく文章形式など多様な解答形式がみられるので，まずは本問題集を活用して，形式に慣れておきたい。

●**「学習指導要領」に示す評価を前提にした問い**　評価の観点である「知識・技能」，「思考力・判断力・表現力」，「主体的に協働して学ぶ態度」は問題にも反映されている。資料の提示方法が教室での生徒間の学び合いを意識した発表形式やレポート，会話文，**概念図**で表現され，知識だけでなく思考力や判断力まで求める工夫された問いが多い。日頃の「歴史総合」や「日本史探究」の授業シーンが入試問題で再現されていると考えるとわかりやすい。

●**文字史料を用いた問い**　教科書でも定番の基本史料と，多くの受験生が初めてみる史料が混在する。さらに**現代語訳**されているものと，**原文**のものなど多様であるが，注が多く付されているので，読み飛ばさないこと。ていねい

すぎる注や**出典の明記**，意図的な**西暦年号と和暦の併記**などは，作問者が解答を導く際にそれが必要と判断して付しているからである。

●**時期区分・時代の特徴を求める問い**　時期区分が何よりも求められている。前後の時代とは何が異なるのか，**因果**関係はあるのか，どのように**推移（変化・変遷・転換）**したのかという（**縦の動き**）を判断させる問題が多いので，単に歴史用語や西暦年号のみを覚えていても対応できない場合がある。冒頭の会話文や概念図の注にヒントが隠れていることも多い。

●**知識や概念を資料から読みとり活用する問い**　複数の史料を組み合わせて文章の正誤を問うものや，資料から読みとれることと読みとれないことを判断する問題などでは，正答率が20％以下の難問も一部で含まれている。

●**「具体」と「抽象」の行き来を求める問い**　エグザンプル（具体）とルール（抽象）を行き来する力が問われている。西暦年号や事件名，人名が含まれない選択肢も多く，抽象的な文章が具体的にどの歴史事象を指しているかを類推しないと解けない工夫がなされている。**歴史事象の概念化**（正しい概念図を選ぶ）や，反対に概念図を文章化する問題は概して正答率が低い。

●**あなたの意見を求める問い**　2018年の試行調査で，「あなたが転換点として支持する歴史的事象」として「ポツダム宣言の受諾」か「1945年の衆議院議員選挙法改正」の何れかを選び，その理由と結びつける問題があった。単なる歴史用語や時期区分の正誤判定ではなく，歴史の転換点（**画期**）を受験生が設定するなど，大問全体を貫く意図を理解しないと対応できない。

●**隣接科目の知見を必要とし，多面的に歴史を捉える問い**　特に18世紀以降の「近代化」「国際秩序の変化や大衆化」「グローバル化」を軸とする「歴史総合」を中心に，世界史や地理，公共，政治経済との融合問題が増えている。「日本史」受験生は同時代の世界の動き（**横の動き**）をつねに意識する必要がある。他にも，「台湾・上海・広州」の位置関係（地理の知識）を問うなど，すべての科目が「歴史総合」「日本史探究」につながっていると捉えたい。

●**まとめ問題の存在**　評価と根拠を結びつけるなど，最後に学習内容を**総括**する問題が増えた。「トリの目」で大問全体を**俯瞰**し，会話文などの場面設定まで全体を**咀嚼**したうえで，現代的諸課題との関連も意識する必要がある。

大学入学共通テスト 「歴史総合，日本史探究」の対策

特に大学入学共通テストで中心となる正誤選択問題や年代整序問題への対応

● **消去法** 確実に違う選択肢から消去する。選択肢を（正文）・（誤文）・（内容は正しいが時期が異なる）に分け，文章に矛盾がない時は時期区分を考える。

● **置換法** 座繰製糸⇔器械製糸，血縁⇔地縁，積極財政⇔緊縮財政など，反対語に置換すると正解になる文章は多い。文章の前半部分と後半部分が前後していることも多い（A→BはB→A）。国際連盟と国際連合，治安警察法と治安維持法など「似た他者」との混同や，輸入⇔輸出，インフレ⇔デフレ，需要⇔供給などの逆にできる語句も一旦置換して確認しよう。

● **保留法** 問題を読み進めていくと意外にヒントが隠れていることもあるので，わからない問題は一旦保留したまま先に進み，安易に正誤を判断しない。

● **1字1句たりとも見逃さない** 総裁・議定・参与が総裁・議定・参議，国司が郡司，綿糸が綿花，日清戦争が日露戦争など，わずか1文字で正誤が逆転するのも正誤問題の特徴である。問題文は決して読み飛ばさないこと。

● **例外探し** 「必ず…である」や「すべて…である」という形式の文章では，例外を1つでも見つければ誤答と判定できる。（例：「東南アジアはすべて欧米諸国の植民地となった。」→タイは戦前も独立国なので誤文である。）

● **対比して理解する** 条里制と条坊制，高向玄理・僧旻（7世紀の国博士）と吉備真備・玄昉（8世紀の橘諸兄政権），三筆と三跡，京都五山と鎌倉五山など，「似た他者」の比較対象を意識して学習する。前後の時代も意識する。

● **デビューの時期や画期を考える** 特に社会・経済史では鎌倉時代と室町時代，中世と近世（江戸時代）の比較が多い。例えば，江戸時代にデビューしたもの（備中鍬・千歯扱・踏車・金肥・二期作など）を中世に混入した誤文に注意する。近世では，太閤検地や兵農分離の以前と以降の社会の変化に注目する。近現代では，ラジオやテレビ，ガス灯や電灯，工業原動力の蒸気力から電力，石炭から石油へのエネルギー転換などの，転換点や画期に注意する。

● **穴埋め問題は，自分で解答してから選択肢を確認（先に選択肢から拾わない）** 誤答の選択肢は実によく練られている。選択肢から先に探さないこと。

●**設問から先に読む**　特に史料問題では，史料文を読む前に設問・注・出典を
みる習慣をつけること。教科書に掲載の史料はあらかじめ目を通しておく。

●**「ワープ」に注意**　文章自体は正しい（矛盾がない）ものの時代が異なる（違
う時代からワープしている）選択肢が多い。正誤問題では特に注意を要する。

●**「抽象」は「具体化」（ルール→エグザンプル化）し，「具体」は「抽象化」（エ
グザンプル→ルール化）する**　例えば「不便な高台に小集落が作られ…」と
あれば「弥生時代の高地性集落」と置き換える。「須恵器」であれば「古墳
時代に朝鮮から伝わり，ロクロと登り窯で作る硬質で今までに見たことのな
い色と形をした土器」と抽象化（または詳述）してみる。両者の置換ができ
ないと，単なるエグザンプルの羅列に陥り，学習も効率的ではなくなる。

●**年号暗記よりも時期区分（前後の時代との相違点の確認）を大切にする**
前近代では○世紀前半・○世紀後半の単位で，時代の特徴（政治・経済・外
交・文化の特徴），近現代では10年単位（1870年代，1880年代，1890年
代…）で同様の整理をしていくと，時代区分の設問に対応できるようになる。
年代整序問題では因果関係を考えるとよい。

●**複数選択に注意**　共通テストでは複数解答が多く出題されている。この場合
は消去法が使えないので，より正確な知識が求められる。

●**形式に惑わされない**　会話文・レポート・カード形式・概念図など，さまざ
まな表現方法を駆使している。テーマ史的な切り口も多いので，学習する際
には単に通史として教科書を順に読むだけでなく，独自の視点を持ってつね
に前後の時代をつなげて共通点と相違点を考えることが求められる。

●**図表・絵図・データを正しく読む**　資料に用意される注を読みとばさないこ
と。グラフは単位と交点に注意すること。また，グラフで示されていない前
後の時期に何か隠れていないかにも注意すること。

●**歴史学習の基本は変化・推移・転換と画期**　推移，転換点など画期に注目し
た問いが多いので，縦の視点を大切にする。比較が有効な「似た他者」を探
し，相違点を明らかにしていくことが有効な共通テスト対策といえる。

9

第1問 歴史総合の授業で，「人やモノの移動とその影響」という主題を設定し，環太平洋地域を取り上げて，各班で発表をまとめた。二つの班の発表について述べた次の文章 **A・B** を読み，後の問い（**問1～9**）に答えよ。（資料には，省略したり，改めたりしたところがある。）

(2022 試作)

A 上原さんの班は，19世紀の交通革命による世界の一体化の進行に関心を持ち，太平洋がそれとどう関わったかに着目して，調べたことを**パネル1**にまとめた。

パネル1

◇**交通革命とは何か**

・主に1850年代から1870年代にかけて進行した，世界の陸上・海上の交通体系の一大変革を指す。

・船舶・鉄道など交通手段の技術革新と，新しい交通路の開発とによって，移動の時間・距離の大幅な短縮と定期的・安定的な移動・輸送の確立とが実現した。

◇**海路における交通革命の主役＝蒸気船**

〈強み〉快速で，帆船と違って風向や海流などの自然条件に左右されにくい。

〈弱み〉燃料の　ア　の補給ができる寄港地が必要。

◇**交通革命と太平洋**

・18世紀以来，⒜北太平洋には，欧米の船が海域の調査や物産の獲得，外交・通商の交渉などを目的として進出していた。しかし，19世紀半ばまで，蒸気船を用いて太平洋を横断する定期的な交通は確立していなかった。

・⒝アメリカ合衆国は，中国貿易の拡大を目指して太平洋への進出を図った。後の図1を見ると，代表的な貿易港である　イ　まで，アメリカ合衆国から蒸気船で最短距離で行くには，必ず日本周辺を経由することが分かる。⒞アメリカ合衆国が，航路の安全を確保し，かつ蒸気船が往復の航海で必要とする　ア　を入手するためには，日本と関係を結ぶ必要があった。

図1　当時考えられていた太平洋横断航路

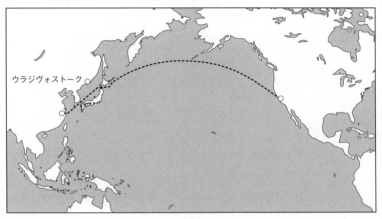

ウラジヴォストーク

→1867年，日米間の太平洋横断定期航路が開設される。

まとめ：世界周回ルートの成立で，_ⓓ1870年代には世界の一体化が大きく進展。

□ 問1　文章中の空欄　ア　に入る語句**あ・い**と，下線部ⓒを目的になされた出来事**X〜Z**との組合せとして正しいものを，後の①〜⑥のうちから一つ選べ。

　ア　に入る語句

あ　石　油　　**い**　石　炭

下線部ⓒを目的になされた出来事

X　モンロー教書（モンロー宣言）の発表

Y　日本に対するハル＝ノートの提示

Z　日米和親条約の締結

　　①　**あ**—**X**　　②　**あ**—**Y**　　③　**あ**—**Z**

　　④　**い**—**X**　　⑤　**い**—**Y**　　⑥　**い**—**Z**

□ **問２**　下線部ⓐに関連して，上原さんの班は，ロシアがアロー戦争（第２次アヘン戦争）の際に清から沿海州を獲得して，そこに**図１**中のウラジヴォストークを築いて拠点としたことを知り，ロシアの太平洋方面への進出に関する資料を集めた。ロシアによる**沿海州の獲得**時期と**資料１・２**に書かれている内容とについて，古いものから年代順に正しく配列したものを，後の①～⑥のうちから一つ選べ。

資料１

一　今後，樺太全島はことごとくロシア帝国に属し，宗谷海峡を両国の境界とする。

二　ロシア国皇帝陛下は，引き換えに千島列島の全ての権利を日本国皇帝陛下に譲り，今後は千島全島は日本に属する。

資料２

ロシアから使節が派遣されてきたのは，女帝エカチェリーナ２世の使節ラクスマンが遣わされ，幕府に漂流民を送り届けるために来航してきたことなどが始まりであった。

① **資料１―資料２―沿海州の獲得**
② **資料１―沿海州の獲得―資料２**
③ **資料２―資料１―沿海州の獲得**
④ **資料２―沿海州の獲得―資料１**
⑤ **沿海州の獲得―資料１―資料２**
⑥ **沿海州の獲得―資料２―資料１**

□ **問3**　上原さんの班は下線部**ⓑ**に興味を持ち，当時アメリカ合衆国政府を代表
した軍人の報告書である**資料3**を見つけた。文章中の空欄　**イ**　に入る語
句**あ・い**と，**パネル1**及び**資料3**から類推できる事柄**X・Y**との組合せとし
て正しいものを，後の①〜④のうちから一つ選べ。

資料3

> アメリカ合衆国とメキシコとの戦争終結の条約によって，カリフォルニ
> ア地方は合衆国に譲渡された。同地方が太平洋に面する地の利から，人々
> の関心は自然と商業分野の拡大に向けられた。（中略）もし，東アジアと
> 西ヨーロッパとの間の最短の道が（この蒸気船時代に）アメリカ合衆国
> を横切るならば，わが大陸が，少なくともある程度は世界の交通路とな
> るに違いないことは十分明白であった。

　イ　に入る語句

あ　上　海　　**い**　広　州

パネル1及び**資料3**から類推できる事柄

X　アメリカ合衆国は，自国がヨーロッパから東アジアへの交通路になるこ
　　とを警戒している。

Y　アメリカ合衆国の見通しが実現するためには，大陸横断鉄道の建設と太
　　平洋横断航路の開設との両方が必要である。

　　①　**あ**—**X**　　②　**あ**—**Y**　　③　**い**—**X**　　④　**い**—**Y**

□ **問4**　上原さんの班は，発表内容をさらに深めるため，下線部**ⓓ**の内容に当て
はまる歴史上の事柄について調べた。その事柄として最も適当なものを，次
の①〜④のうちから一つ選べ。

　　①　ドルを基軸通貨とする国際通貨体制の成立

　　②　自由貿易のための世界貿易機関（WTO）の設立

　　③　ヨーロッパ各国の東インド会社が主導したアジア貿易

　　④　海底電信ケーブルの敷設が進んだことによる通信網の拡大

B　佐藤さんの班は，環太平洋地域における人の移動に関心を持ち，沖縄県からの移民・出稼ぎがどのように広がっていったのかに着目して，調べたことを**パネル2～4**にまとめた。

パネル2

移民・出稼ぎの始まり

・沖縄県からの海外移民は1899年のハワイ移民が最初。その後，中南米諸国や東南アジアなどへも広がった。

・第一次世界大戦後の不況で沖縄経済は大打撃を受け，移民が急増。その主要な行先は南洋諸島。大阪など本土への出稼ぎも急増した。

・沖縄からの移民先と重なるように，（e）大阪商船の定期航路が南北アメリカ大陸へも拡大。沖縄から大阪への定期航路は，1925年には大阪商船が独占した。

パネル3

太平洋戦争（アジア太平洋戦争）の影響

・（f）移民先である南洋諸島や東南アジアが戦場となった。多くの沖縄県出身者が犠牲となったが，生き残った移民の多くは，戦後沖縄へと（g）引き揚げた。

・ハワイや中南米諸国への移民の多くは，そのまま現地にとどまった。

・本土への出稼ぎ者は，阪神間・京浜間などに集住地域を形成しており，定住する人たちも多かった。

パネル4

米軍による占領と新たな移民・集団就職

・沖縄戦によって沖縄は日本本土と切り離され，米軍に占領された。（h）南洋諸島も，戦後アメリカ合衆国の統治下に置かれ，数々の核実験が実施された。その際，島民たちは自分たちの住む島から移住を強いられた。

・1950年代には，米軍が，占領下の沖縄で基地を拡張。強制的に土地を接収された人々の一部は，南米などに移民した。1960年代には，日本本土に向けて，日本復帰前の沖縄からも集団就職が実施された。

14

□ **問5** 佐藤さんの班は,海外への航路の拡大に興味を持ち,下線部⑥について,大阪商船の主な定期航路を時期別に示した**図2**を見つけた。**図2**について述べた文として最も適当なものを,後の①～④のうちから一つ選べ。

図2

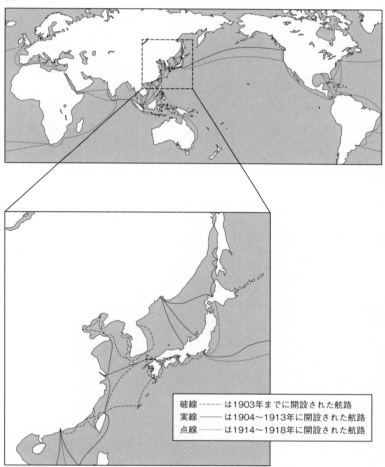

破線 ------ は1903年までに開設された航路
実線 ——— は1904～1913年に開設された航路
点線 ········· は1914～1918年に開設された航路

① 1903年までの定期航路は,当時の日本が領有していた植民地の範囲にとどまっていたと考えられる。

② 南樺太は,日本の領土となったので,定期航路に加えられたと考えられる。

③ 1913年以前の中南米諸国への移民は，移民先まで定期航路を利用していたと考えられる。

④ 第一次世界大戦中にスエズ運河が開通したことによって，ヨーロッパまで定期航路を延ばしたと考えられる。

□ **問6** 佐藤さんの班は，移民先となった地域の歴史にも興味を持った。下線部⑥の地域の歴史に関して述べた次の文**あ・い**について，その正誤の組合せとして正しいものを，後の①〜④のうちから一つ選べ。

あ ドイツ領南洋諸島は，カイロ会談の結果，日本の委任統治領となった。

い フィリピンは，太平洋戦争が始まった時，アメリカ合衆国の植民地であった。

① **あ**—正　**い**—正　② **あ**—正　**い**—誤

③ **あ**—誤　**い**—正　④ **あ**—誤　**い**—誤

□ **問7** 佐藤さんの班は，下線部⑧に関連する資料として，太平洋戦争（アジア太平洋戦争）後における，日本本土への国・地域別の復員・引揚げ者数をまとめた**表**を見つけた。この**表**について述べた文として**適当でないもの**を，後の①〜④のうちから一つ選べ。

表 日本本土への国・地域別の復員・引揚げ者数（単位：千人）

国・地域	軍人・軍属の復員	民間人の引揚げ
ソ　連	454	19
満　洲	53	1,219
朝　鮮	207	713
中　国	1,044	497
台　湾	157	322
東南アジア	807	85
オーストラリア	130	8
沖　縄	57	12
総　計	3,107	3,190

（2015年3月現在，厚生労働省まとめ）

（注）　いずれの国・地域も，99.7％以上が1956年までに復員・引揚げを終えている。

（注）　一部の国・地域を省略したため，各欄の合計と「総計」の数字とは一致しない。

① シベリアに抑留された者の復員数と，満洲・中国からの復員数を合わせると，復員数全体の3分の2を超えていることが読み取れる。

② 引揚げ者数が復員数を上回っている国・地域は，日本が植民地としたり事実上支配下に置いたりしたところであることが読み取れる。

③ 東南アジアからの復員が中国に次いで多いのは，太平洋戦争中に日本軍が占領したからであると考えられる。

④ 沖縄から日本本土への引揚げ者がいたのは，沖縄がアメリカ合衆国の軍政下に置かれたからであると考えられる。

□ **問8** 下線部⓱に関連して，南洋諸島の一つであるマーシャル諸島では，戦後にアメリカ合衆国によって水爆実験が行われた。佐藤さんの班は，この実験をきっかけに科学者たちによって1955年に発表された「ラッセル＝アインシュタイン宣言」にも興味を持った。その一部である**資料4**から読み取れる事柄**あ～え**について，正しいものの組合せを，後の①～④のうちから一つ選べ。

資料4

そのような爆弾が地上近く，あるいは水中で爆発すれば，放射能を帯びた粒子が上空へ吹き上げられます。これらの粒子は死の灰や雨といった形で次第に落下し，地表に達します。日本の漁船員と彼らの漁獲物を汚染したのは，この灰でした。（中略）

軍備の全般的削減の一環として核兵器を放棄するという合意は，最終的な解決に結び付くわけではありませんが，一定の重要な目的には役立つでしょう。

第一に，緊張の緩和を目指すものであるならば何であれ，東西間の合意は有益です。第二に，核兵器の廃棄は，相手がそれを誠実に履行していると各々の陣営が信じるならば，真珠湾式の奇襲の恐怖を減じるでしょう。（中略）それゆえに私たちは，あくまで最初の一歩としてではありますが，そのような合意を歓迎します。

あ 核の平和利用を推進していこうとする姿勢が読み取れる。

い 核兵器の放棄という合意が，軍備の全般的削減に役立つと考えているこ

とが読み取れる。

　う　第二次世界大戦の経験を基に，対立する相手陣営側の核兵器の廃棄を一
　　　方的に先行させようとする姿勢が読み取れる。

　え　第五福竜丸の被曝を，事例として取り上げていることが読み取れる。

　　①　**あ・う**　　②　**あ・え**　　③　**い・う**　　④　**い・え**

□ **問9**　上原さんの班と佐藤さんの班は，環太平洋地域における人やモノの移動
とその影響についての発表を踏まえ，これまでの授業で取り上げられた観点
に基づいて，さらに探究するための課題を考えた。課題**あ・い**と，それぞれ
について探究するために最も適当と考えられる資料**W～Z**との組合せとして
正しいものを，後の①～④のうちから一つ選べ。

さらに探究するための課題

　あ　自由と制限の観点から，第二次世界大戦後における太平洋をまたいだ経
　　　済の結び付きと社会への影響について探究したい。

　い　統合と分化の観点から，海外に移住した沖縄県出身者と移住先の社会と
　　　の関係について探究したい。

探究するために最も適当と考えられる資料

　W　アメリカ合衆国における，日本からの自動車輸入台数の推移を示した統
　　　計と，それを批判的に報じたアメリカ合衆国の新聞の記事

　X　アジア太平洋経済協力会議（APEC）の参加国の一覧と，その各国の1
　　　人当たりGDPを示した統計

　Y　沖縄県出身者が海外に移住する際に利用した主な交通手段と，移住に掛
　　　かった費用についてのデータ

　Z　移民が移住先の国籍を取得する条件と，実際に移住先で国籍を取得した
　　　沖縄県出身者の概数

　　①　**あ—W**　　**い—Y**　　②　**あ—W**　　**い—Z**
　　③　**あ—X**　　**い—Y**　　④　**あ—X**　　**い—Z**

第2問 歴史総合の授業で，世界の諸地域における人々の接触と他者認識について，資料を基に追究した。次の文章**A・B**を読み，後の問いに答えよ。（資料には，省略したり，改めたりしたところがある。）

(2022 試作世探)

A 19世紀のアジア諸国と欧米諸国との接触について，生徒と先生が話をしている。

先　生：19世紀はアジア諸国と欧米諸国との接触が進んだ時期であり，アジア諸国の人々と欧米諸国の人々との間で，相互に反発が生じることがありました。例えば日本の開港場の一つであった横浜の近郊では，薩摩藩の行列と馬に乗ったイギリス人の一行との間に，**図**に描かれているような出来事が発生しています。それでは，この出来事に関連する他の資料を図書館で探してみましょう。

（この後，図書館に移動して調査する。）

高　橋：横浜の外国人居留地で発行されていた英字新聞の中に，この出来事を受けて書かれた論説記事を見つけました。

（ここで，高橋が⒜英字新聞の論説記事を提示する。）

中　村：この記事は，現地の慣習や法律に従わなかったイギリス人の行動を正当化しているように見えます。また，この出来事が，イギリス側でも，日本に対する反発を生んだのだと分かります。

先　生：そのとおりですね。一方で，アジア諸国が欧米諸国の技術を受容した側面も大事です。⒝19世紀のアジア諸国では，日本と同じく欧米の技術を導入して近代化政策を進める国が現れました。

☐ **問1**　文章中の**図**として適当なもの**あ・い**と，後の**年表**中の**a～c**の時期のうち，図に描かれている出来事が起こった時期との組合せとして正しいものを，後の①～⑥のうちから一つ選べ。

図として適当なもの

あ

い

日本の対外関係に関する年表

1825年	異国船を撃退するよう命じる法令が出された。
↓ **a**	上記法令を撤回し，異国船への燃料や食料の支給を認めた。
b	イギリス艦隊が鹿児島湾に来て，薩摩藩と交戦した。
c	
1871年	清との間に対等な条約が締結された。

① あ―a　② あ―b　③ あ―c

④ い―a　⑤ い―b　⑥ い―c

□ 問2　下線部ⓐに示された記事の内容を会話文から推測する場合，記事の内容
として最も適当なものを，次の①〜④のうちから一つ選べ。

① イギリス人は，日本の慣習に従って身分の高い武士に対しては平伏す
べきである。

② イギリス人は，日本においてもイギリスの法により保護されるべきで
ある。

③ イギリス人は，日本の許可なく居留地の外に出るべきではない。

④ イギリス人は，日本が独自に関税率を決定することを認めるべきでは
ない。

□ 問3　下線部ⓑについて述べた文として最も適当なものを，次の①〜④のうち
から一つ選べ。

① ある国では，計画経済の建て直しと情報公開を基軸として，自由化と
民主化を目指す改革が進められた。

② ある国では，「四つの現代化」を目標に掲げ，市場経済を導入した改革・
開放政策が行われた。

③ ある国では，儒教に基づく伝統的な制度を維持しつつ，西洋式の兵器
工場や造船所を整備する改革が進められた。

④ ある国では，労働者に団結権が認められるとともに，失業者対策と地
域開発を兼ねて，ダム建設などの大規模な公共事業が行われた。

B 1970年に開催された日本万国博覧会（大阪万博）について，生徒たちが，万博に関わる当時の新聞記事（社説）を探して，記事から**抜き書き**を作成した。

社説の抜き書き

・万博に参加した77か国のうち，初参加のアジア・アフリカなどの発展途上国が25か国に上っていた。

・アジア・アフリカなどの発展途上国のパビリオン（展示館）では，一次産品の農産物・地下資源や民芸品・貝殻などが展示されていた。

・こうした発展途上国のパビリオンからは，GNP（国民総生産：国の経済規模を表す指標の一つ）は低くとも，自然と人間が関わり合う生活の中に，工業文明の尺度では測れない固有の文化の価値体系を知り得た。

・高度工業文明とGNP至上主義の中で，「物心両面の公害」に苦しめられている今日の日本人にとって，発展途上国のパビリオンから知り得た文化と風土の多様性こそ，人間の尊厳と，人間を囲む自然の回復を考える手掛かりである。

（『読売新聞』1970年9月13日朝刊（社説）より作成）

□ **問4** センリさんのグループは，社説が発展途上国のパビリオンの特徴に注目しながら，同時代の日本の状況を顧みていることに気付いた。その上で，当時の世界情勢で社説が触れていないことについても，議論してみようと考えた。社説が踏まえている当時の日本の状況について述べた文**あ・い**と，当時の世界情勢で**社説が触れていないこと**について述べた文**X・Y**との組合せとして正しいものを，後の①〜④のうちから一つ選べ。

社説が踏まえている当時の日本の状況

あ 第1次石油危機（オイル＝ショック）により，激しいインフレが起こっていた。

い 環境汚染による健康被害が問題となり，その対策のための基本的な法律が作られた。

当時の世界情勢で社説が触れていないこと

X　アジアでは，開発独裁の下で工業化を進めていた国や地域があった。

Y　アラブ諸国では，インターネットを通じた民主化運動が広がり，独裁政
権が倒された国があった。

① 　**あ—X**

② 　**あ—Y**

③ 　**い—X**

④ 　**い—Y**

□ **問5**　センリさんのグループでは，発展途上国が万博に積極的に参加した背景
について調べ，**メモ**にまとめた。**メモ**中の空欄 　**ア**　・　**イ**　に入る語句
の組合せとして正しいものを，後の①～④のうちから一つ選べ。

メ　モ

> 　1960年に 　**ア**　で17か国が独立を果たすなど，1960年代には独立国
> の誕生が相次いだ。新たに独立した国々の中には 　**イ**　する国もある
> など，発展途上国は国際社会において存在感を高めていた。

① 　**ア**—アフリカ　　　**イ**—非同盟諸国首脳会議に参加

② 　**ア**—アフリカ　　　**イ**—国際連盟に加盟

③ 　**ア**—東南アジア　　**イ**—非同盟諸国首脳会議に参加

④ 　**ア**—東南アジア　　**イ**—国際連盟に加盟

□ **問6** ユメさんのグループは，万博後の発展途上国と日本の関係について，政府開発援助（ODA）から考えることとし，日本のODAの地域別配分割合の推移を示す**グラフ**を作成し，そこから考えたことを**メモ**にまとめた。3人の**メモ**の正誤について述べた文として最も適当なものを，後の①〜④のうちから一つ選べ。

グラフ 日本の2国間ODAの地域別配分割合の推移

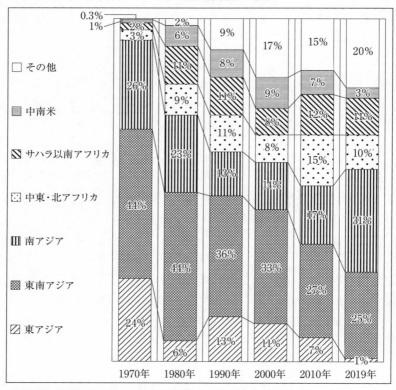

（外務省国際協力局「2020年版開発協力参考料集」より作成）

（注）四捨五入のため，合計は必ずしも100％にならない。

24

ユメさんのメモ

1970年に東アジアの割合が24%に達していたのは，中華人民共和国への援助が開始されていたためである。

テルさんのメモ

2010年までは，どの年についても，東南アジアの割合が最も大きかった。東南アジアの中には，日本が賠償を行った国々が含まれていた。

アインさんのメモ

1970年から2019年にかけて，南アジアの割合は一貫して減少し，日本の援助先としての重要性が，他地域と比べて低下している。

① ユメさんのメモのみが正しい。
② テルさんのメモのみが正しい。
③ アインさんのメモのみが正しい。
④ 全員のメモが正しい。

1 原始時代～弥生時代

□ **問1** 　原始・古代における食料の獲得について述べた文として**誤っているもの**を，次の①～④のうちから一つ選べ。

(2020 追試)

① 　旧石器時代には，打製石器を使った狩猟が行われた。

② 　縄文時代には，骨角器・石錘を使った漁労が発達した。

③ 　弥生時代には，鉄製農具を使った水稲耕作が行われた。

④ 　古墳時代には，牛馬を使った農耕が普及した。

問2 　「国の始まり」をテーマとする学習で，鈴木さんは邪馬台国について調べた。発表資料を読み，下の(1)・(2)に答えよ。

(2017 試行／改)

鈴木さんの発表資料

　3世紀に存在したとされる邪馬台国の位置は，古代史の大きな謎とされている。『魏志』倭人伝には邪馬台国があった場所について書かれているが，その解釈をめぐって，九州説と近畿説が対立し，論争が長い間続けられた。

□(1) 　鈴木さんは，邪馬台国からヤマト（大和）政権にいたる3世紀から5世紀の歴史の展開を，近畿説の立場から次のようにまとめた。空欄　**ア**　に入る記述として適当なものを，下の①～④のうちから一つ選べ。

> 　3世紀には，邪馬台国を中心に，30カ国ほどが連合して，他の政治連合と対立していた。
> 　4世紀には，　**ア**
> 　5世紀には，近畿地方の王権が関東から九州まで勢力をのばし，中国の王朝に朝鮮半島の軍事的支配権の承認を要求した。

① 　近畿地方の勢力は力を弱めたので,五経博士を招いて統治方法を学んだ。

② 　近畿地方の勢力は力を弱めたので,関東の勢力が政治的な中心となった。

③ 　近畿地方の勢力が力を強め，仏教の信仰を中心とする政治的統合を進めた。

④ 　近畿地方の勢力が力を強め，墳墓や祭祀の形式をともにする政治的統合を進めた。

□(2)　鈴木さんはさらに，女王が魏へ使者を派遣した時に，人々が考えていそうなことを推測してみた。次の資料の下線部**X**，**Y**の人物が考えたと思われることを，下の**a**〜**d**から選ぶ場合，最も適当な組合せを，①〜④のうちから一つ選べ。

　資料　『魏志』倭人伝

　　女王国(注1)より以北には，とくに一大率を置き，諸国を検察せしむ。……**X**下戸，大人と道路に相逢へば，逡巡して草に入り，辞を伝へ事を説くには，あるいは蹲りあるいは跪き，両手は地に拠り，これが恭敬をなす。……その国，もとまた男子を以て王となす。住まること七，八十年，倭国乱れ，相攻伐して年を歴たり。……倭の女王(注2)，**Y**大夫難升米(注3)らを遣し，郡(注4)に詣り，天子に詣りて朝献せんことを求む。

（注1）女王国：邪馬台国　　（注2）倭の女王：卑弥呼のこと。

（注3）難升米：人名

（注4）郡：ここでは，朝鮮半島に置かれた帯方郡のこと。

　a　「毎日の暮らしのことしか分からない自分には関わりがないことだ」

　b　「敵国である邪馬台国が魏と結ぶことは大変困ったことだ」

　c　「無事に中国にわたり，魏の皇帝と上手に交渉をまとめたい」

　d　「内政にかかわる監督官の自分には，職務だけで頭がいっぱいだ」

　　①　**X**—**a**　　**Y**—**c**　　②　**X**—**a**　　**Y**—**d**
　　③　**X**—**b**　　**Y**—**c**　　④　**X**—**b**　　**Y**—**d**

□**問3**　東北地方以北や九州南部以南の地域に関して述べた次の文**a**〜**d**について，正しいものの組合せを，下の①〜④のうちから一つ選べ。　（2020本試）

　a　東北地方では，縄文時代の遺跡として三内丸山遺跡が発見されている。

　b　北海道では，弥生時代になると水稲耕作が行われるようになった。

　c　南西諸島では，弥生文化とは異なる貝塚文化が展開した島々があった。

　d　種子島・屋久島は，10世紀になってから中央政府の支配領域に組み込まれた。

　　①　**a・c**　　②　**a・d**　　③　**b・c**　　④　**b・d**

2 古墳時代

□ **問1** 古代の人の移動に関して述べた次の文Ⅰ～Ⅲについて，古いものから年代順に正しく配列したものを，下の①～⑥のうちから一つ選べ。　(2015 本試)

Ⅰ　滅亡した百済や高句麗から，多くの人々が移住した。

Ⅱ　渤海との間で，外交使節が往来した。

Ⅲ　朝鮮半島から，五経博士や暦博士・医博士などが交代で派遣された。

① Ⅰ—Ⅱ—Ⅲ　　② Ⅰ—Ⅲ—Ⅱ　　③ Ⅱ—Ⅰ—Ⅲ

④ Ⅱ—Ⅲ—Ⅰ　　⑤ Ⅲ—Ⅰ—Ⅱ　　⑥ Ⅲ—Ⅱ—Ⅰ

□ **問2** 古墳時代のヤマト政権の誕生に関して述べた次の文a～dについて，正しいものの組合せを，下の①～④のうちから一つ選べ。　(2015 本試)

a　ヤマト政権を構成する豪族らは，氏として組織化された。

b　ヤマト政権は，列島各地に田荘とよばれる直轄地を設けた。

c　『魏志』倭人伝によれば，倭の五王は中国の北朝に朝貢した。

d　大王や王族に奉仕する部民として，名代・子代が設定された。

① a・c　　② a・d　　③ b・c　　④ b・d

□ **問3** ヤマト政権の政治連合に参加した豪族について述べた文として正しいものを，次の①～④のうちから一つ選べ。　(2018 本試)

① 豪族は，政治連合に参加すると，前方後円墳の築造が禁止された。

② 豪族は，屯倉とよばれる私有地を領有して，みずからの経済基盤とした。

③ 豪族は，氏を単位として，ヤマト政権の職務を分担した。

④ 豪族は，子弟を公奴婢にして，大王へ出仕させた。

□ **問4** 古墳時代前期・中期・後期に関して述べた次の文**a〜d**について，正しいものの組合せを，下の①〜④のうちから一つ選べ。 (2011 本試)

 a 前期には，古墳に銅鏡や碧玉製腕飾りなどが副葬されていることから，首長が司祭者的性格をもっていたことが知られる。

 b 中期には，古墳に銅鏡や碧玉製腕飾りなどが副葬されていることから，首長が武人的性格をもっていたことが知られる。

 c 後期には，有力農民層の古墳は造られなくなっていった。

 d 後期には，群集墳とよばれる古墳群が増えていった。

 ① **a・c** ② **a・d** ③ **b・c** ④ **b・d**

□ **問5** 空欄 ┃**ア**┃**イ**┃ に入る語句の組合せとして正しいものを，下の①〜④のうちから一つ選べ。 (2011 本試)

 古墳時代には，鹿の骨を焼いて吉凶を占う ┃**ア**┃ や，裁判に際して，熱湯に手を入れさせて，真偽を判断する ┃**イ**┃ が行われていた。

 ① **ア** 祓 **イ** 盟神探湯 ② **ア** 祓 **イ** 禊

 ③ **ア** 太占 **イ** 盟神探湯 ④ **ア** 太占 **イ** 禊

□ **問6** 古代の朝鮮半島との関係について述べた次の文Ⅰ〜Ⅲについて，古いものから年代順に正しく配列したものを，下の①〜⑥のうちから一つ選べ。

(2000 本試)

 Ⅰ 倭国の朝鮮半島出兵の動きに対して，筑紫の磐井が反乱を起こした。

 Ⅱ 倭国は百済を救援するために出兵したが，唐・新羅の連合軍に敗北した。

 Ⅲ 倭国の王が中国の南朝に朝貢して，朝鮮半島諸国に対し優位な立場に立とうとした。

 ① Ⅰ—Ⅱ—Ⅲ ② Ⅰ—Ⅲ—Ⅱ ③ Ⅱ—Ⅰ—Ⅲ

 ④ Ⅱ—Ⅲ—Ⅰ ⑤ Ⅲ—Ⅰ—Ⅱ ⑥ Ⅲ—Ⅱ—Ⅰ

3 飛鳥時代

□ **問1** 空欄 **ア** **イ** に入る語句の組合せとして正しいものを，下の
①～④のうちから一つ選べ。 (2010 本試)

蘇我馬子宿禰大臣，諸皇子と群臣とに勧めて， **ア** 大連を滅ぼさむ
ことを謀る。…蘇我大臣，赤本願の依に，飛鳥の地に **イ** を起つ。

① **ア** 大伴金村 **イ** 法隆寺 ② **ア** 大伴金村 **イ** 法興寺

③ **ア** 物部守屋 **イ** 法隆寺 ④ **ア** 物部守屋 **イ** 法興寺

□ **問2** 空欄 **ア** **イ** に入る語句の組合せとして正しいものを，下の
①～④のうちから一つ選べ。 (2017 本試)

6世紀末には **ア** 氏が飛鳥寺（法興寺）を建立し，また7世紀には大
王自らも寺院を造営しはじめた。…仏教が地方社会に浸透していくうえでの
一つの拠点となったのは，律令制下で **イ** として行政を担うことになる
地方豪族が建てた寺院であった。

① **ア** 大伴 **イ** 国司 ② **ア** 大伴 **イ** 郡司

③ **ア** 蘇我 **イ** 国司 ④ **ア** 蘇我 **イ** 郡司

□ **問3** 6～7世紀の政治的事件に関して述べた次の文Ⅰ～Ⅲについて，古いも
のから年代順に正しく配列したものを，下の①～⑥のうちから一つ選べ。

(2014 本試)

Ⅰ 蘇我入鹿らが，厩戸皇子(厩戸王)の子の山背大兄王を自殺に追い込んだ。

Ⅱ 大連の大伴金村が，対朝鮮諸国外交の失敗を糾弾されて失脚した。

Ⅲ 大臣の蘇我馬子を中心とする勢力が，物部守屋らを攻め滅ぼした。

① Ⅰ—Ⅱ—Ⅲ ② Ⅰ—Ⅲ—Ⅱ ③ Ⅱ—Ⅰ—Ⅲ

④ Ⅱ—Ⅲ—Ⅰ ⑤ Ⅲ—Ⅰ—Ⅱ ⑥ Ⅲ—Ⅱ—Ⅰ

□ **問4** 四天王寺を創建したと伝えられる皇子（王）が国政にかかわっていた時
期の出来事について述べた文として正しいものを，次の①～④のうちから一
つ選べ。 (2010 本試)

① 世襲による氏姓制度とは異なり，個人の功績や才能を評価する冠位の制度が定められた。

② 中国南朝に使者を派遣し，倭と朝鮮半島南部での軍事指揮権を示す称号を求めた。

③ 倭国では大きな争乱が起こり，しばらく収まらなかったが，諸国が共同して女性の王をたて，約30国からなる連合体をつくった。

④ 稗田阿礼によみならわせていた神話や伝承，歴史などを，太安万侶が筆録し，書物として完成させた。

□ **問5** 白村江の敗戦後に中大兄皇子（天智天皇）が行った施策について述べた文として正しいものを，次の①〜④のうちから一つ選べ。 (2004 追試)

① 防衛のために，九州に水城を築いた。

② 都を飛鳥から難波の地に遷した。

③ 都に防人を置いて防衛に当たらせた。

④ 新羅と結んだ九州の豪族磐井の反乱を鎮圧した。

□ **問6** 600年に派遣された遣隋使や，その前後の日本の出来事について述べた文として正しいものを，次の①〜④のうちから一つ選べ。 (2022 本試)

① この遣隋使の前に中国に使節を派遣したのは，100年以上前のことだった。

② この遣隋使の時に，曇徴が帰国して紙や墨の技法を伝えた。

③ この遣隋使の派遣以前に，冠位十二階や憲法十七条が定められた。

④ この遣隋使は，新しい律令の施行を中国に宣言するために派遣された。

□ **問7** 5〜8世紀の地方支配について述べた文として正しいものを，次の①〜④のうちから一つ選べ。 (2012 本試)

① ヤマト政権はそれまでの地方豪族を没落させ，中央から国造を派遣して地方を支配した。

② 郡司は，もとの国造など地方豪族のなかから選ばれた。

③ 国造のなかには，大王家に直属する初期荘園の管理を行う者もいた。

④ 郡司のなかには，出羽の磐井のように反乱を起こす者もいた。

□ **問8** 古代の駅制に関して述べた次の文**X・Y**について，その正誤の組合せとして正しいものを，下の①〜④のうちから一つ選べ。 (2014 本試)

X 中央と地方を結ぶ幹線道路である七道は，行政区画の名称でもあった。

Y 東海道や東山道などの幹線道路には，一定の間隔ごとに駅家が置かれた。

① **X** 正 　**Y** 正 　② **X** 正 　**Y** 誤

③ **X** 誤 　**Y** 正 　④ **X** 誤 　**Y** 誤

□ **問9** 律令国家の地方支配に関して述べた文として正しいものを，次の①〜④のうちから一つ選べ。 (2009 本試)

① 大宰府には，西海道諸国を統括する機能があった。

② 薩摩国には，防衛のために衛士を配置した。

③ 七道の諸国には，交易を管理するために東西の市司を設けた。

④ 東国への入口である近江国は，東海道に編入された。

4 奈良時代

□ **問1** 奈良時代の政変に関して述べた次の文Ⅰ～Ⅲについて，古いものから年代順に正しく配列したものを，下の①～⑥のうちから一つ選べ。 (2013 本試)

Ⅰ 橘奈良麻呂らが藤原仲麻呂の打倒をめざしたが，事前に発覚して失敗した。

Ⅱ 玄昉と吉備真備の排斥を唱えた藤原広嗣が大宰府で反乱を起こしたが，鎮圧された。

Ⅲ 左大臣長屋王が，謀反の疑いをかけられ，自殺に追い込まれた。

① Ⅰ―Ⅱ―Ⅲ ② Ⅰ―Ⅲ―Ⅱ ③ Ⅱ―Ⅰ―Ⅲ

④ Ⅱ―Ⅲ―Ⅰ ⑤ Ⅲ―Ⅰ―Ⅱ ⑥ Ⅲ―Ⅱ―Ⅰ

□ **問2** 長屋王邸跡出土の木簡に「長屋親王宮」とも記される長屋王に関して述べた次の文a～dについて，正しいものの組合せを，下の①～④のうちから一つ選べ。 (2005 本試)

a 長屋王は親王（天皇の子や兄弟）と記されているが，天武天皇の孫である。

b 長屋王には，平城宮内に広大な邸宅が与えられた。

c 長屋王は，藤原不比等によって自殺させられた。

d 長屋王の死後，藤原不比等の娘の光明子が皇后になった。

① a・c ② a・d ③ b・c ④ b・d

□ **問3** 奈良時代の灌漑施設に関して述べた次の文X・Yについて，その正誤の組合せとして正しいものを，下の①～④のうちから一つ選べ。 (2015 本試)

X 三世一身法では，既存の灌漑施設を利用して開墾した場合，開墾者本人一代に限って墾田の所有が認められた。

Y 行基は，灌漑施設を整備するなど，さまざまな社会事業を行いながら，仏教の教えを広めた。

① X 正 Y 正 ② X 正 Y 誤

③ X 誤 Y 正 ④ X 誤 Y 誤

□ **問4** 律令制施行前の豪族と，律令制施行後の支配者層に関して述べた次の文 **a～d**について，正しいものの組合せを，下の①～④のうちから一つ選べ。

（2020 追試）

a 有力な中央豪族は貴族となり，官位相当の制によって，その子や孫は位階の授与が優遇された。

b 有力な中央豪族は貴族となり，蔭位の制によって，その子や孫は位階の授与が優遇された。

c 国司は，おもに，かつての国造など，その地域で代々有力な地方豪族が任じられた。

d 郡司は，おもに，かつての国造など，その地域で代々有力な地方豪族が任じられた。

① **a・c**　　② **a・d**　　③ **b・c**　　④ **b・d**

□ **問5** 奈良時代の墾田永年私財法と当時の開墾に関して述べた文として**誤っているもの**を，次の①～④のうちから一つ選べ。

（2011 本試／改）

① 開墾を認められた面積には，身分により制限が設けられた。

② 開墾された田地は租を納めるものとされた。

③ この法の施行ののち三世一身法が発布された。

④ 有力な貴族や大寺院は，付近の一般農民や浮浪人を使って開墾を行った。

□ **問6** 奈良時代の人民支配に関して述べた次の文**X・Y**について，その正誤の組合せとして正しいものを，下の①～④のうちから一つ選べ。　（2016 本試／改）

X 女性は，調・庸を負担しなかった。

Y 計帳を使った支配は，東北地方にまでおよんでいた。

① **X** 正　　**Y** 正　　② **X** 正　　**Y** 誤

③ **X** 誤　　**Y** 正　　④ **X** 誤　　**Y** 誤

□ **問7** 奈良時代の行政に関して述べた次の文**a～d**について，正しいものの組合せを，後の①～④のうちから一つ選べ。

（2014 本試）

a 中央に大学，地方に国学が，官人の養成機関としてそれぞれ置かれた。

b 太政官のもとに内務省などの八省が置かれて，政務を分担した。

c 中央政府の支配は，現在の青森県や沖縄県まで広がった。

d 地方からは，戸籍や計帳などの公文書が中央政府に提出された。

① **a・c** ② **a・d** ③ **b・c** ④ **b・d**

□ **問8** 奈良時代の戸籍や民衆の生活について述べた文として**誤っているもの**を，次の①〜④のうちから一つ選べ。 (2012 本試)

① 律令国家は，原則として6年ごとに戸籍を作成した。

② 律令国家は民衆に対し，戸籍にもとづいて口分田を班給した。

③ 結婚のかたちの一つとして，男性が女性の家に通う妻問婚があった。

④ 民衆は，木綿の衣類を着るようになった。

□ **問9** 古代の宗教に関して述べた次の文**a〜d**について，正しいものの組合せを，下の①〜④のうちから一つ選べ。 (2011 本試)

a 天皇（大王）や首長は，秋の収穫に感謝して，新嘗祭を執り行った。

b 天皇（大王）や首長は，秋の収穫に感謝して，御霊会を執り行った。

c 大仏造立の詔にもとづき，東大寺に盧舎那仏像が造られた。

d 大仏造立の詔にもとづき，東大寺に阿弥陀如来像が造られた。

① **a・c** ② **a・d** ③ **b・c** ④ **b・d**

□ **問10** 律令国家が地方で行った事業に関して述べた次の文Ⅰ〜Ⅲについて，古いものから年代順に正しく配列したものを，下の①〜⑥のうちから一つ選べ。 (2009 本試)

Ⅰ 東北地方の蝦夷との戦争のなかで，北上川の上流に志波城を築いた。

Ⅱ 諸国に国分寺・国分尼寺の建立を命ずる詔が出された。

Ⅲ 官道（駅路）に沿って駅家を設けることが律令に定められた。

① Ⅰ—Ⅱ—Ⅲ ② Ⅰ—Ⅲ—Ⅱ ③ Ⅱ—Ⅰ—Ⅲ
④ Ⅱ—Ⅲ—Ⅰ ⑤ Ⅲ—Ⅰ—Ⅱ ⑥ Ⅲ—Ⅱ—Ⅰ

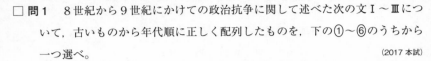

□ **問1** 8世紀から9世紀にかけての政治抗争に関して述べた次の文Ⅰ～Ⅲについて，古いものから年代順に正しく配列したものを，下の①～⑥のうちから一つ選べ。　(2017 本試)

Ⅰ　造都を主導していた藤原種継が暗殺され，早良親王が首謀者として処罰された。

Ⅱ　三筆の一人として知られる橘逸勢が，謀反を企てたとして流罪となった。

Ⅲ　政権を批判して九州で反乱を起こした藤原広嗣が敗死した。

①　Ⅰ─Ⅱ─Ⅲ　　②　Ⅰ─Ⅲ─Ⅱ　　③　Ⅱ─Ⅰ─Ⅲ

④　Ⅱ─Ⅲ─Ⅰ　　⑤　Ⅲ─Ⅰ─Ⅱ　　⑥　Ⅲ─Ⅱ─Ⅰ

□ **問2** 10世紀前半の地方における政治や社会の問題について述べた次の文X・Yについて，その正誤の組合せとして正しいものを，下の①～④のうちから一つ選べ。　(2021 第2日程)

X　女性の数が多い，実態に基づかない戸籍が作成され，調・庸の徴収が困難になっていた。

Y　違法な荘園が停止され，班田の励行が命じられて，律令制の維持が図られた。

①　X　正　　Y　正　　②　X　正　　Y　誤

③　X　誤　　Y　正　　④　X　誤　　Y　誤

□ **問3** 朝廷の蝦夷支配について述べた次の文Ⅰ～Ⅲについて，古いものから年代順に正しく配列したものを，下の①～⑥のうちから一つ選べ。　(2004 追試)

Ⅰ　日本海側の蝦夷支配の拠点として，淳足柵・磐舟柵が設けられた。

Ⅱ　蝦夷の本拠地の一つである北上川中流域に胆沢城が設けられた。

Ⅲ　太平洋側の蝦夷支配の拠点として，多賀城が設けられた。

①　Ⅰ─Ⅱ─Ⅲ　　②　Ⅰ─Ⅲ─Ⅱ　　③　Ⅱ─Ⅰ─Ⅲ

④　Ⅱ─Ⅲ─Ⅰ　　⑤　Ⅲ─Ⅰ─Ⅱ　　⑥　Ⅲ─Ⅱ─Ⅰ

□ **問4** 9・10世紀の地方支配に関して述べた次の文**X・Y**について，その正誤の組合せとして正しいものを，下の①〜④のうちから一つ選べ。 (2017 本試)

X 9世紀前半には，大宰府管内に公営田が設置され，直営方式による財源の確保がはかられた。

Y 10世紀前半には，荘園整理令が発布され，記録荘園券契所（記録所）が設置された。

① **X** 正 **Y** 正 ② **X** 正 **Y** 誤

③ **X** 誤 **Y** 正 ④ **X** 誤 **Y** 誤

□ **問5** 10世紀以後の国家による地方支配に関して述べた文として**誤っている**ものを，次の①〜④のうちから一つ選べ。 (2009 本試)

① 10世紀初めを最後に，全国的な班田収授は命じられなくなった。

② 耕地を名という単位に編成し，有力農民に耕作を請け負わせた。

③ 国家の財源を確保するため，初期荘園の開発を奨励した。

④ 国司に一定額の租税の納入を請け負わせ，地方支配を一任した。

□ **問6** 郡司に関して述べた次の文Ⅰ〜Ⅲについて，古いものから年代順に正しく配列したものを，下の①〜⑥のうちから一つ選べ。 (2015 本試)

Ⅰ 軍団・兵士の廃止にともない，郡司の子弟などが健児に採用された。

Ⅱ 大宝令の施行をうけて，地方の豪族は郡司として行政にあたった。

Ⅲ 尾張国の郡司が，百姓とともに国司藤原元命の暴政を訴えた。

① Ⅰ—Ⅱ—Ⅲ ② Ⅰ—Ⅲ—Ⅱ ③ Ⅱ—Ⅰ—Ⅲ

④ Ⅱ—Ⅲ—Ⅰ ⑤ Ⅲ—Ⅰ—Ⅱ ⑥ Ⅲ—Ⅱ—Ⅰ

□ **問7** 空欄 ア イ に入る語句の組合せとして正しいものを，後の①〜④のうちから一つ選べ。 (2012 本試)

9世紀前半の嵯峨天皇のころには，文芸によって国家の隆盛をめざそうとする中国の思想が広まり， ア などの勅撰漢詩文集が編まれた。このころ，律令制定後に出された法令を分類・整理して最初の イ が編まれたが，律令と イ をあわせもつこともまた，中国にならったことであった。

① **ア** 凌雲集　　**イ** 国史　　② **ア** 凌雲集　　**イ** 格式

③ **ア** 風土記　　**イ** 国史　　④ **ア** 風土記　　**イ** 格式

□ **問8**　平安宮（大内裏）には，政務や儀礼を行う建物や，さまざまな役所，密教修法の道場などが置かれていた。このことに関して述べた文として**誤っているもの**を，次の①〜④のうちから一つ選べ。 (2010 本試)

① 平安宮には，国家的な儀礼などを行う大極殿が建てられていた。

② 神々の祭祀をつかさどる神祇官と，行政全般を管掌する太政官の二官があった。

③ 平安宮の警護を主な任務とする滝口の武士をやめて，新たに検非違使がおかれた。

④ 加持祈禱を重視する密教は，現世利益を求める皇族や貴族に受容された。

□ **問9**　平安時代の仏教に関して述べた次の文**X・Y**と，それに該当する語句**a〜d**との組合せとして正しいものを，下の①〜④のうちから一つ選べ。 (2016 本試)

X 唐に渡って密教を学び，帰国後，天台宗の密教化を進めた。

Y 念仏による極楽往生の教えを説いた書で，源信（恵心僧都）が著した。

a 玄昉　　**b** 円珍　　**c** 『往生要集』　　**d** 『日本往生極楽記』

① **X**—**a**　　**Y**—**c**　　② **X**—**a**　　**Y**—**d**

③ **X**—**b**　　**Y**—**c**　　④ **X**—**b**　　**Y**—**d**

□ **問10**　空欄　**ア**　**イ**　に入る語句の組合せとして正しいものを，下の①〜④のうちから一つ選べ。 (2004 本試)

　平安時代に入ると，有力な貴族は　**ア**　を設け，一族の子弟を寄宿させて，勉学の便宜をはかった。大学・国学が官吏養成機関であったのに対し，**イ**　が設立した綜芸種智院では，僧侶や庶民が学んだ。

① **ア** 大学別曹　　**イ** 最澄　　② **ア** 芸亭　　**イ** 最澄

③ **ア** 大学別曹　　**イ** 空海　　④ **ア** 芸亭　　**イ** 空海

6 平安時代2

□ **問1**　9世紀以後の政治構造の変化に関して述べた次の文Ⅰ〜Ⅲについて，古いものから年代順に正しく配列したものを，下の①〜⑥のうちから一つ選べ。

（2010 本試）

Ⅰ　天皇が幼少のときには摂政，成人したのちには関白をおくことが通例となった。

Ⅱ　院の命令を伝える文書や院庁が出す文書が，荘園の認可などの国政に大きな効力をもつようになった。

Ⅲ　天皇の側近として，天皇の命令をすみやかに太政官に伝える蔵人頭が設けられた。

①　Ⅰ—Ⅱ—Ⅲ　　②　Ⅰ—Ⅲ—Ⅱ　　③　Ⅱ—Ⅰ—Ⅲ

④　Ⅱ—Ⅲ—Ⅰ　　⑤　Ⅲ—Ⅰ—Ⅱ　　⑥　Ⅲ—Ⅱ—Ⅰ

□ **問2**　国司制度とその変容に関して述べた次の文a〜dについて，正しいものの組合せを，下の①〜④のうちから一つ選べ。

（2014 本試）

a　国司は，中央から諸国に派遣され，国府を拠点として統治にあたった。

b　国司は，任地における土木工事や雑用に奉仕させるために，庸を徴収した。

c　平安時代には，在京したまま任国に下向しない国司のことを在庁官人とよんだ。

d　平安時代には，在京の国司は目代を任国に派遣し，政務を担当させるようになった。

①　a・c　　②　a・d　　③　b・c　　④　b・d

□ **問3**　古代の地方政治に関して述べた次の文 I ～ Ⅲ について，古いものから年代順に正しく配列したものを，後の①～⑥のうちから一つ選べ。　(2011 本試)

I　東国で国司と対立し反乱を起こした人物が，新皇と称した。

Ⅱ　平氏が多くの国で知行国主となった。

Ⅲ　政府は財源確保のため，大宰府管内などに公営田を設置した。

① I ― Ⅱ ― Ⅲ　　② I ― Ⅲ ― Ⅱ　　③ Ⅱ ― I ― Ⅲ

④ Ⅱ ― Ⅲ ― I　　⑤ Ⅲ ― I ― Ⅱ　　⑥ Ⅲ ― Ⅱ ― I

□ **問4**　東アジア諸国の変動に関して述べた次の文 **X・Y** と，それに該当する国名 **a～d** との組合せとして正しいものを，下の①～④のうちから一つ選べ。

(2012 本試)

X　日本の律令国家のモデルとなったこの国は，10 世紀初めに滅亡した。

Y　奈良時代以来，日本と親交のあった北東アジアのこの国は，10 世紀前半に遼（契丹）によって滅ぼされた。

a　唐　　**b**　宋　　　**c**　渤海　　　**d**　百済

① **X―a**　　**Y―c**　　② **X―a**　　**Y―d**

③ **X―b**　　**Y―c**　　④ **X―b**　　**Y―d**

□ **問5**　貴族と土地との関係を述べた次の文 I ～ Ⅲ について，古いものから年代順に正しく配列したものを，下の①～⑥のうちから一つ選べ。　(2020 追試)

I　墾田永年私財法が施行され，貴族・大寺院や地方豪族は広大な原野を囲い込み，付近の農民の協力を得て大規模な開墾を行った。

Ⅱ　荘園が広がり，荘園領主と国衙との争いが増加したため，記録荘園券契所が設置され，荘園整理が断行された。

Ⅲ　上総介平高望（高望王）の孫である平将門は，一族間の所領争いなどを契機として，関東地方で乱を起こした。

① I ― Ⅱ ― Ⅲ　　② I ― Ⅲ ― Ⅱ　　③ Ⅱ ― I ― Ⅲ

④ Ⅱ ― Ⅲ ― I　　⑤ Ⅲ ― I ― Ⅱ　　⑥ Ⅲ ― Ⅱ ― I

□ **問6**　以下は，18歳選挙権の話を聞いた生徒たちが，中世までの日本におけ
る「会議」や「意思決定」の方法をテーマとして，資料を調査し，発表を行っ
た学習活動の成果である。A班の発表資料を読み，後の**問**に答えよ。(資料は，
一部省略したり，書き改めたりしたところもある。)

(2017 試行／改)

A班　発表資料

| 平安時代における「会議」 |

資料　『小右記』など

> **1005（寛弘2）年4月に行われた会議の概要**
>
> 左大臣の藤原道長，右大臣の藤原顕光，……参議の藤原行成の合わせ
> て10人の公卿が，内裏の陣座(注)に集まった。……資料を回覧したあと，
> 地方から申請された件について，藤原行成から順番に意見を述べて
> いった。全員が意見を述べ終わると，行成はその内容を定文という書
> 類にまとめた。そこには，藤原道長ら2人が申請を却下せよとの意見，
> 藤原顕光ら8人が申請を許可せよとの意見であると書かれていた。定
> 文は天皇に奏上され，申請の諾否が決められた。
>
> (注)　陣座：公卿が会議する場

資料の分析

会議の参加者	議事の進め方	決定の方法
公卿が参加	Ⅰ	Ⅱ

仮説　この時代では，一部の貴族など限られた人々が国の政治に参画して
いた。会議は，ルールに基づいて運営されていた。

問　A班の発表資料の表中Ⅰ・Ⅱに入る内容の組合せとして正しいものを，下
の①〜④のうちから一つ選べ。

〔　Ⅰ　〕　**a**　地位の低い公卿から意見を述べた

　　　　　　b　最高位の公卿から意見を述べた

〔　Ⅱ　〕　**c**　藤原道長が最終決断を行った

　　　　　　d　天皇への参考意見を提供した

　①　Ⅰ—**a**　　Ⅱ—**c**　　②　Ⅰ—**a**　　Ⅱ—**d**

　③　Ⅰ—**b**　　Ⅱ—**c**　　④　Ⅰ—**b**　　Ⅱ—**d**

原始・古代　実戦問題

☐ **問1**　リッさんは，庚午年籍が，最初の本格的な戸籍とされていることを知った。そこで，日本古代の戸籍や計帳について調べてみた。次の**史料**は，正倉院に残る古代の計帳である。この**史料**に関して述べた後の文 **a〜d** について，最も適当なものの組合せを，後の ①〜④ のうちから一つ選べ。　　　(2022 本試)

史料

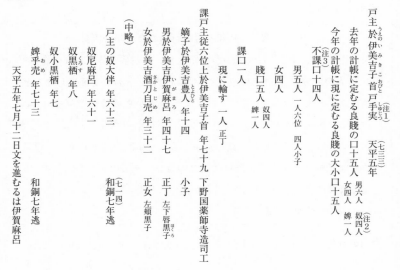

（注1）　手実：各戸から提出する申告書。

（注2）　奴・婢：賤民。奴は男性，婢は女性。

（注3）　不課口：調・庸等を負担する人を課口といい，負担しない人を不課口という。

a　この戸で，調・庸を納めるのは5人であることが分かる。

b　計帳からは，年ごとの戸の人数の変動が分かる。

c　逃亡した奴や婢は，計帳から削除されており，解放されたと考えられる。

d　黒子の位置が記されているのは，本人を特定するためと考えられる。

①　**a・c**　　②　**a・d**　　③　**b・c**　　④　**b・d**

問2 日本古代の陰陽道の歴史について述べた次の文章を読み，後の(1)・(2)の問いに答えよ。（史料は，一部省略したり，書き改めたりしたところもある。）

（2023 本試／改）

　陰陽寮の重要な仕事の一つに，暦の作成があった。古代の暦のなかには，日の吉凶（暦注）を記した具注暦と呼ばれるものがあった。作成された具注暦は，まず天皇に奏上され，天皇から太政官を通じて各官司などに下賜され，下級官司や地方官衙などでも書き写して備えられた。具注暦は行政の現場で文書行政や徴税納期の管理などに用いられた。

　具注暦は，役所だけではなく個人でも利用された。平安時代になると，摂関家や上級貴族たちは，具注暦を入手し，それを利用して日記を書き残すこともあった。それらを見ると，その日に行われた政務や儀式，日常の行動が細かく記されている。

□(1)　下線部に関連して，次の**史料1・2**を踏まえ，古代社会における暦の影響に関して説明した後の文**X・Y**について，その正誤の組合せとして正しいものを，後の①〜④のうちから一つ選べ。

史料1

国務条事

一，任国に赴く吉日時の事

　　新任の吏（注1），任国に赴くの時，必ず吉日時を択び，下向（注2）すべし。

一，吉日時を択びて，館（注3）に入る事

　　着館の日時は，在京の間，陰陽家において撰定せしむ。

一，吉日を択びて，交替政（注4）を始め行う事

（『朝野群載』）

（注1）　新任の吏：新たに任命された国司。

（注2）　下向：京から任国へ下ること。

（注3）　館：任国に設けられた国司の居館。

（注4）　交替政：新任国司が前任国司と交代する手続き。行政事務の一つ。

史料2

遺誡(注5)幷に日中行事

先ず起きて，（中略）次に鏡を取りて面を見，暦を見て日の吉凶を知る。（中略）次に昨日のことを記せ。次に粥を服す。次に頭を梳り(注6)，次に手足の甲を除け。次に日を択びて沐浴せよ。（中略）年中の行事は，ほぼ件の暦に注し付け，日ごとに視るの次に先ずその事を知り，兼ねてもって用意せよ。

（「九条殿遺誡」）

(注5) 遺誡：ここでは藤原師輔（道長の祖父）が子孫に残した訓戒。

(注6) 頭を梳る：髪をとかす。

X 中央や地方の政務には，暦に書かれたその日の吉凶が利用されていた。

Y 貴族の日常生活は，具注暦に記入された暦注に影響を受けていた。

① **X** 正　**Y** 正　　② **X** 正　**Y** 誤

③ **X** 誤　**Y** 正　　④ **X** 誤　**Y** 誤

□(2) 文章や**史料1・2**を踏まえて，古代の陰陽道や貴族の生活について説明した次の文**a～d**について，最も適当なものの組合せを，後の①～④のうちから一つ選べ。

a 天皇が暦を下賜したのは，天皇が時間を支配していることを示す意味があったと考えられる。

b 地方の役所には陰陽師が置かれ，暦を独自に作成していたと考えられる。

c 貴族にとって重要な年中行事は，具注暦を利用した日記に書き込まれ，前々から準備を始めていたと考えられる。

d 陰陽師は，物忌・方違や穢の発生など，貴族の個人的な吉凶は占わなかったと考えられる。

① **a・c**　② **a・d**　③ **b・c**　④ **b・d**

□ **問3** 古代から近世の日本においては，道路に関（関所）が設けられた。関についての**資料Ⅰ～Ⅲ**と関の機能を説明した文**ア～ウ**を組み合わせ，それを古いものから時代順に並び替えた場合，組合せとして正しいものを，下の①～⑥のうちから一つ選べ。

(2018 試行／改)

資料Ⅰ 条々

　一，関所の事

　　　右，宝戒寺(注1)造営料所として，甲斐国追分宿の関所を寄進せらるるなり。……

　一，関賃銭の事

　　　右，人別に三文，馬においては五文となすべし。……

資料Ⅱ 覚

　一，関所を出入る輩，乗物の戸をひらかせ，笠・頭巾をとらせ通すべき事

　一，往来の女つぶさに証文引合せて通すべき事

　一，相定る証文なき鉄砲は通すべからざる事

資料Ⅲ 太師藤原恵美朝臣押勝の逆謀，すこぶる泄れたり。……即ち使を遣して三関(注2)を固く守らしむ。

（注1）宝戒寺：鎌倉にある寺院。

（注2）三関：伊勢国の鈴鹿関，美濃国の不破関，越前国の愛発関をさす。

　ア 主に軍事的機能を果たした。

　イ 主に経済的機能を果たした。

　ウ 主に警察的機能を果たした。

　　① 〔Ⅰ―イ〕→〔Ⅱ―ウ〕→〔Ⅲ―ア〕

　　② 〔Ⅰ―ア〕→〔Ⅱ―ウ〕→〔Ⅲ―イ〕

　　③ 〔Ⅱ―イ〕→〔Ⅲ―ア〕→〔Ⅰ―ウ〕

　　④ 〔Ⅱ―ウ〕→〔Ⅲ―ア〕→〔Ⅰ―イ〕

　　⑤ 〔Ⅲ―ア〕→〔Ⅰ―イ〕→〔Ⅱ―ウ〕

　　⑥ 〔Ⅲ―イ〕→〔Ⅰ―ア〕→〔Ⅱ―ウ〕

解答・解説：別冊 p.24

7 院政期～鎌倉時代1

□ **問1** 源平の争乱について述べた文として正しいものを，次の①～④のうちから一つ選べ。 (2014 本試)

① 崇徳上皇と白河上皇の政権をめぐる抗争は，武士の政界進出の契機となった。

② 源平の争乱が終結したのち，院政を再開した後鳥羽上皇は鎌倉幕府との協力関係を重視した。

③ 源平の争乱を描いた『太平記』は琵琶法師によって語られ，人々に親しまれた。

④ 源頼朝は，平氏が西国へ敗走したのち，後白河法皇と交渉し，東国支配の権限を認められた。

□ **問2** 源頼朝による武家政権の形成について述べた文として**誤っているもの**を，次の①～④のうちから一つ選べ。 (2011 本試)

① 御家人を諸国の守護や荘園・公領の地頭とし，東国以外にも支配を広げた。

② 朝廷を監視するために，京都に六波羅探題をおいた。

③ 御家人を統率する侍所を設置し，和田義盛を長官に任じた。

④ 源義経らを用いて平氏を壇の浦に滅亡させた。

□ **問3** 鎌倉時代の主従関係に関して述べた次の文**X・Y**について，その正誤の組合せとして正しいものを，下の①～④のうちから一つ選べ。 (2017 本試)

X 平氏から没収した荘園を含む関東御領は，鎌倉幕府の経済基盤となった。

Y 守護は，天皇や将軍の御所を警護する京都大番役の催促を職務とした。

① **X** 正 **Y** 正 ② **X** 正 **Y** 誤

③ **X** 誤 **Y** 正 ④ **X** 誤 **Y** 誤

□ **問4** 13世紀初期の政治史に関して述べた次の文**X・Y**について，その正誤の組合せとして正しいものを，後の①～④のうちから一つ選べ。 (2009 本試)

X 源頼家が将軍の地位を追われ，幽閉された。

Y 北条義時は，政所別当に加えて侍所別当を兼任した。

① **X** 正　　**Y** 正　　② **X** 正　　**Y** 誤

③ **X** 誤　　**Y** 正　　④ **X** 誤　　**Y** 誤

□ **問5**　中世の文化や生業について述べた次の文**X・Y**と，それに該当する語句**a～d**との組合せとして正しいものを，後の①～④のうちから一つ選べ。

(2022 追試)

X　12世紀末の「養和の飢饉」など災害のあり様を描いた随筆で，人の世の無常を説いた。

Y　悪条件でも育つ多収穫の作物で，中世に普及した輸入品種として知られている。

a　方丈記　　**b**　平家物語　　**c**　大唐米　　**d**　荏胡麻

① **X**—**a**　**Y**—**c**　② **X**—**a**　**Y**—**d**

③ **X**—**b**　**Y**—**c**　④ **X**—**b**　**Y**—**d**

□ **問6**　強訴など僧侶たちの決起行動に関して述べた次の文**X・Y**について，その正誤の組合せとして正しいものを，下の①～④のうちから一つ選べ。

(2020 本試)

X　延暦寺や興福寺などの大寺院は，僧兵を組織し，神輿や神木を押し立てて朝廷に要求を認めさせようとした。

Y　平安時代末期，朝廷が強訴を抑えるために地方の武士を大量に動員したことから，武家の棟梁の地位は低下した。

① **X** 正　　**Y** 正　　② **X** 正　　**Y** 誤

③ **X** 誤　　**Y** 正　　④ **X** 誤　　**Y** 誤

□ **問7**　六波羅探題に関して述べた次の文**a～d**について，正しいものの組合せを，後の①～④のうちから一つ選べ。

(2015 本試)

a　六波羅探題は，朝廷の監視や西国御家人の統轄を担った。

b　鎌倉幕府は，正中の変を機に六波羅探題を設置した。

c　宝治合戦で台頭した三浦氏は，六波羅探題の任につくようになった。

d　御家人の足利高氏（尊氏）は，六波羅探題を攻め落とした。

①　a・c　　②　a・d　　③　b・c　　④　b・d

□ **問8**　平安時代末から鎌倉時代の都市と地方との関係について述べた文として**誤っているもの**を，次の①〜④のうちから一つ選べ。　(2021第1日程)

①　伊勢平氏は，伊勢・伊賀を地盤にし，京都でも武士として活躍した。

②　禅文化が東国へも広まり，鎌倉には壮大な六勝寺が造営された。

③　白河上皇は，熊野詣をしばしば行った。

④　鎌倉幕府の御家人は，奉公のために京都や鎌倉に赴いた。

□ **問9**　中世の流通に関して述べた次の文Ⅰ〜Ⅲについて，古いものから年代順に正しく配列したものを，下の①〜⑥のうちから一つ選べ。　(2014本試)

Ⅰ　平氏が取り組んだ日宋貿易により，宋銭や陶磁器が輸入された。

Ⅱ　建長寺の修造費を調達するため，貿易船が元に派遣された。

Ⅲ　明銭が流入するとともに，粗悪な私鋳銭が広くみられるようになった。

①　Ⅰ—Ⅱ—Ⅲ　　②　Ⅰ—Ⅲ—Ⅱ　　③　Ⅱ—Ⅰ—Ⅲ

④　Ⅱ—Ⅲ—Ⅰ　　⑤　Ⅲ—Ⅰ—Ⅱ　　⑥　Ⅲ—Ⅱ—Ⅰ

□ **問10**　空欄　**ア**　**イ**　に入る語句の組合せとして正しいものを，下の①〜④のうちから一つ選べ。　(2011本試)

奥州藤原氏の根拠地である平泉に造られた　**ア**　や九州国東半島の富貴寺大堂は，浄土思想の広がりを示すものとして著名である。…鎌倉時代後期には，幕府は蒙古襲来を契機に異国警固番役の賦課を続けることなどを通じて全国的支配権を強化するとともに，北条氏の家督を継ぐ　**イ**　へ権力を集中していく。

①　**ア**　白水阿弥陀堂　　**イ**　別当

②　**ア**　白水阿弥陀堂　　**イ**　得宗

③　**ア**　中尊寺金色堂　　**イ**　別当

④　**ア**　中尊寺金色堂　　**イ**　得宗

□ **問11**　御恩と奉公の関係に関して述べた次の文**a~d**について，正しいものの組合せを，下の①~④のうちから一つ選べ。 （2010 本試）

a　鎌倉幕府における御恩とは，俸禄の米を支給することが主である。

b　鎌倉幕府における御恩とは，土地支配にかかわる権限を認めることが主である。

c　合戦や大番役への動員では，国ごとに国司が荘園領主に賦課していた。

d　合戦や大番役への動員では，国ごとに守護が御家人を統率した。

①　**a・c**　　②　**a・d**　　③　**b・c**　　④　**b・d**

□ **問12**　院政期の文化に関して述べた次の文**X・Y**について，その正誤の組合せとして正しいものを，下の①~④のうちから一つ選べ。 （2009 本試）

X　人々の間に流行していた歌謡である今様が，後白河法皇により『梁塵秘抄』にまとめられた。

Y　本来は宮中の芸能であった田楽が，都から地方に伝わり，村の祭礼に取り入れられた。

①　**X**　正　　**Y**　正　　②　**X**　正　　**Y**　誤

③　**X**　誤　　**Y**　正　　④　**X**　誤　　**Y**　誤

□ **問13**　歴史には様々な見方がある。10~14世紀には「外からの波」（海外の影響）が少なかったという見方に対する反論として成り立つものを，次の①~④のうちから一つ選べ。 （2018 試行／改）

①　この時代には，海外渡航許可書を持った貿易船が東南アジアに行っており，その交流を通して「外からの波」は少なくなかった。

②　この時代には，中国に公式の使節が派遣され，先進的な政治制度や文化などがもたらされており，「外からの波」は少なくなかった。

③　この時代には，長崎の出島の商館を窓口にして，ヨーロッパの文物を受け入れており，「外からの波」は少なくなかった。

④　この時代には，中国との正式な国交はなかったが，僧侶や商人の往来を通して「外からの波」は少なくなかった。

章

中
世

8 鎌倉時代2

□ **問1** 鎌倉時代の武士に関して述べた文として正しいものを，次の①〜④のうちから一つ選べ。 (2010 本試)

① 鎌倉時代の武士は，城下町への集住が義務付けられていた。

② 鎌倉時代を通じて，武士の所領は，嫡子単独相続を原則としていた。

③ 鎌倉時代の武家社会における一族の結合体制を，寄親・寄子制とよんでいる。

④ 鎌倉時代の武士の間では，流鏑馬・犬追物などの武芸の鍛錬がさかんに行われた。

□ **問2** 朝廷と鎌倉幕府との関係に関して述べた次の文Ⅰ〜Ⅲについて，古いものから年代順に正しく配列したものを，下の①〜⑥のうちから一つ選べ。 (2018 本試)

Ⅰ 幕府は朝廷の監視などを目的に六波羅探題を設置した。

Ⅱ 幕府は皇位の継承について，両統迭立の方針を提案した。

Ⅲ 幕府からの求めにより，皇族がはじめて将軍となった。

① Ⅰ—Ⅱ—Ⅲ ② Ⅰ—Ⅲ—Ⅱ ③ Ⅱ—Ⅰ—Ⅲ
④ Ⅱ—Ⅲ—Ⅰ ⑤ Ⅲ—Ⅰ—Ⅱ ⑥ Ⅲ—Ⅱ—Ⅰ

□ **問3** 鎌倉時代の貨幣に関して述べた文として正しいものを，次の①〜④のうちから一つ選べ。 (2020 追試)

① 荘園では，銭による年貢の納入が行われるようになった。

② 商品流通が活発化したため，朝廷は銭の発行を再開した。

③ 銭の質が悪化したため，幕府は悪銭の使用を禁止した。

④ 遠隔地との取引のために，為替の代わりに銭が使用されるようになった。

□ **問4** 鎌倉時代後半の人々の活動について述べた文として正しいものを，次の
①～④のうちから一つ選べ。 (2012 本試)

　① 幕府や荘園領主の支配に抵抗する者が，悪党とよばれた。

　② 足軽が鉄砲隊に組織され，活躍した。

　③ 都市鎌倉では，大原女などの女性商人が活躍した。

　④ 交通の要所では，商品の中継ぎや運送を行う借上が現れた。

□ **問5** 鎌倉時代の東大寺の再建事業について述べた文として正しいものを，次
の①～④のうちから一つ選べ。 (2005 本試)

　① この再建事業への協力を求めるため，僧の空也は諸国を巡った。

　② この再建事業の費用に充てるため，源頼朝は諸国から棟別銭を徴収し
た。

　③ 堂舎の再建では，古代の建築様式を忠実に守ることが重視された。

　④ 仏像の制作では，運慶ら奈良仏師たちが活躍した。

□ **問6** 鎌倉時代の学問・文学や宗教・思想について述べた文として正しいもの
を，次の①～④のうちから一つ選べ。 (2016 本試)

　① 北条義時は学問に関心をもち，和漢の書物を集めた金沢文庫を設けた。

　② 伊勢神宮の神官度会家行は，本地垂迹説による唯一神道を完成させた。

　③ 日蓮は，「南無阿弥陀仏」をとなえると極楽浄土へ往生すると説いた。

　④ 平氏の興亡を描いた『平家物語』が，琵琶法師により平曲として語ら
れた。

□ **問7** 以下は，18歳選挙権の話を聞いた生徒たちが，中世までの日本におけ
る「会議」や「意思決定」の方法をテーマとして，資料を調査し，発表を行っ
た学習活動の成果である。B班の発表資料を読み，後の**問**に答えよ。(資料は，
一部省略したり，書き改めたりしたところもある。) (2017 試行／改)

B班　発表資料

安安　鎌倉時代における「会議」

資料　『御成敗式目』

> およそ評定の間，理非(注1)においては，親疎あるべからず，好悪あるべからず。ただ道理の推すところ，心中の存知(注2)，傍輩(注3)を憚らず，権門(注4)を恐れず，詞を出す(注5)べきなり。
>
> （注1）理非：正しいことと正しくないこと
>
> （注2）心中の存知：心の中で思っていること　　（注3）傍輩：仲間・同僚
>
> （注4）権門：権勢のある家柄　　（注5）詞を出す：発言する

資料の分析　この**資料**によれば，会議での合意形成の原理・原則がはっきりと打ち出されている。私たちは，**資料**の中の　ア　という部分が重要であると思った。なぜなら，　イ　である。

仮説　武士の中でも限られた人々が，評定という形式で会議を開き，幕府の政治を行っていた。

問　B班の発表資料中の空欄　ア　に入る言葉はⅠ・Ⅱの二つが考えられる。Ⅰ・Ⅱの言葉と空欄　イ　に入る理由a～dの組合せとして正しいものを，下の①～④のうちから一つ選べ。

ア

Ⅰ　道理の推すところ　　　　　Ⅱ　権門を恐れず

イ

a　正しい判断を行うためには，武家社会の慣習に従うことが大切だから

b　正しい判断を行うためには，多数決の原理に従う必要があるから

c　正しい判断を行うためには，身分が上のものに遠慮しないことが必要だから

d　正しい判断を行うためには，律令法の規定に従うことが大切だから

①　Ⅰ―a　　Ⅱ―c　　②　Ⅰ―a　　Ⅱ―d

③　Ⅰ―b　　Ⅱ―c　　④　Ⅰ―b　　Ⅱ―d

9 南北朝〜室町時代1

□ **問1** 空欄 ア イ に入る人物の組合せとして正しいものを，下の
①〜④のうちから一つ選べ。 (2002 本試)

　　……後醍醐天皇は討幕の計画を進めた。後醍醐天皇の皇子 ア や河内
の楠木正成も，討幕の兵を挙げて，幕府軍を大いに悩ませた。…鎌倉も攻略
されて，得宗北条高時や幕府の実権を握ってきた内管領 イ は滅ぼされ
るのである。

① **ア** 護良親王 **イ** 高師直 　② **ア** 護良親王 **イ** 長崎高資

③ **ア** 宗尊親王 **イ** 高師直 　④ **ア** 宗尊親王 **イ** 長崎高資

□ **問2** 後醍醐天皇について述べた文として**誤っているもの**を，次の①〜④のう
ちから一つ選べ。 (2002 本試)

① 後醍醐天皇は，天皇親政を開始し，記録所を再興した。

② 後醍醐天皇は，幕府に捕らえられて隠岐に配流された。

③ 後醍醐天皇は，有職故実の書である『職原抄』を著した。

④ 後醍醐天皇は，綸旨によって土地所有権が確認されると定めた。

□ **問3** 空欄 ア イ に入る語句の組合せとして正しいものを，下の
①〜④のうちから一つ選べ。 (2010 本試)

　　鎌倉幕府の滅亡後，ただちに京へもどった後醍醐天皇は，新政の体制を整
え， ア によって土地の権利を確認する方針を打ち出した。しかし，急
速な権限の集中は混乱をよんで人々の信頼を失い，南朝と北朝が対立する時
代へと進んでいった。このなかで北畠親房は，南朝の立場から皇位継承の理
想を イ で述べた。

① **ア** 院宣 **イ** 『梅松論』 　② **ア** 院宣 **イ** 『神皇正統記』

③ **ア** 綸旨 **イ** 『梅松論』 　④ **ア** 綸旨 **イ** 『神皇正統記』

□ **問4** 建武の新政の前後の出来事に関して述べた次の文Ⅰ～Ⅲについて，古い
ものから年代順に正しく配列したものを，下の①～⑥のうちから一つ選べ。

(2017 本試)

Ⅰ 元に建長寺船が派遣された。

Ⅱ 雑訴決断所が設置された。

Ⅲ 北畠親房が『神皇正統記』を著した。

① Ⅰ－Ⅱ－Ⅲ　　② Ⅰ－Ⅲ－Ⅱ　　③ Ⅱ－Ⅰ－Ⅲ

④ Ⅱ－Ⅲ－Ⅰ　　⑤ Ⅲ－Ⅰ－Ⅱ　　⑥ Ⅲ－Ⅱ－Ⅰ

□ **問5** 南北朝の内乱に関して，内乱中の動向について述べた次の文**X・Y**と，
それに該当する語句**a～d**との組合せとして正しいものを，下の①～④のう
ちから一つ選べ。

(2021 第2日程)

X 軍費（兵粮米）の徴収をめぐり，幕府が発令した。

Y 南朝勢力は，この人物のもとで九州（大宰府）に影響力を持った。

a 分国法　　**b** 半済令　　**c** 以仁王　　**d** 懐良親王

① **X－a　　Y－c**　　② **X－a　　Y－d**

③ **X－b　　Y－c**　　④ **X－b　　Y－d**

□ **問6** 足利義満に関して述べた文として**誤っているもの**を，次の①～④のうち
から一つ選べ。

(2013 本試)

① 南朝の後亀山天皇から北朝の後小松天皇に譲位する形で，南北朝の合
一を行った。

② 息子の基氏を鎌倉公方として，関東に派遣した。

③ 有力守護である山名氏清と大内義弘を滅ぼし，権力の集中をはかった。

④ 京都の室町に花の御所とよばれる邸宅を造営し，そこで政治を行った。

□ **問7** 室町時代の戦乱に関して述べた次の文 I ～ Ⅲ について，古いものから年代順に正しく配列したものを，下の①～⑥のうちから一つ選べ。 (2010 本試)

Ⅰ 細川勝元と山名持豊の対立が，大きな戦乱に発展した。

Ⅱ 周防国など6か国の守護を兼任していた大内義弘が，討たれた。

Ⅲ 将軍による守護への弾圧に危機感を抱いた赤松満祐が，将軍を殺害した。

① Ⅰ—Ⅱ—Ⅲ ② Ⅰ—Ⅲ—Ⅱ ③ Ⅱ—Ⅰ—Ⅲ

④ Ⅱ—Ⅲ—Ⅰ ⑤ Ⅲ—Ⅰ—Ⅱ ⑥ Ⅲ—Ⅱ—Ⅰ

□ **問8** 南北朝時代から室町時代に関して述べた文として正しいものを，次の①～④のうちから一つ選べ。 (2005 本試)

① 守護は兵粮米確保のために，刈田狼藉の権限を認められていた。

② 南北朝の内乱の経過が『増鏡』にまとめられた。

③ 近江の運送業者の蜂起をきっかけとして，正長の土一揆が起こった。

④ 足利義教が嘉吉の土一揆との戦いで敗死した。

□ **問9** 14世紀から15世紀にかけての日明関係に関して述べた次の文 I ～ Ⅲ について，古いものから年代順に正しく配列したものを，下の①～⑥のうちから一つ選べ。 (2012 本試)

Ⅰ 足利義持によって，明との貿易が一時中止された。

Ⅱ 九州の懐良親王に，明が倭寇の取締りを要求した。

Ⅲ 明皇帝が，「源道義」を「日本国王」とした。

① Ⅰ—Ⅱ—Ⅲ ② Ⅰ—Ⅲ—Ⅱ ③ Ⅱ—Ⅰ—Ⅲ

④ Ⅱ—Ⅲ—Ⅰ ⑤ Ⅲ—Ⅰ—Ⅱ ⑥ Ⅲ—Ⅱ—Ⅰ

□ 問10　空欄 ア イ に入る語句の組合せとして正しいものを，下の①～④のうちから一つ選べ。
(2004 追試／改)

　　倭寇は15世紀に入っても横行し，1419年には，朝鮮軍が対馬を倭寇の拠点とみなして攻撃する ア も起こった。……14世紀末以降は外交秩序が回復され，……日朝間では対馬の領主 イ の管理の下で貿易が行われた。

　① ア 刀伊の入寇 イ 宗氏　　② ア 応永の外寇 イ 宗氏

　③ ア 刀伊の入寇 イ 尚氏　　④ ア 応永の外寇 イ 尚氏

□ 問11　14世紀の東アジアや日本の情勢について述べた文として**誤っているもの**を，次の①～④のうちから一つ選べ。
(2004 追試)

　① 明は海禁政策を採って，明商人の自由な貿易を禁じた。

　② 朝鮮半島では，李成桂が高麗を滅ぼし朝鮮を建国した。

　③ 後醍醐天皇は，建長寺船を明に派遣して貿易を行った。

　④ 幕府で激しい内紛が発生し，足利尊氏が弟の直義を殺害した。

□ 問12　日明・日朝貿易について述べた文として正しいものを，次の①～④のうちから一つ選べ。
(2004 追試)

　① 日明貿易が開始された際，明の皇帝は天皇に日本国王の称号を与えた。

　② 日明貿易は，朝貢形式に反発した足利義教によって一時中止された。

　③ 15世紀に，ポルトガルとの交易で得た南洋の産物が朝鮮へ輸出された。

　④ 日朝貿易は，朝鮮で起こった三浦の乱を契機に衰退した。

□ 問13　中世の商業・流通の活発化に関して述べた次の文**X・Y**と，それに該当する語句**a～d**との組合せとして正しいものを，下の①～④のうちから一つ選べ。
(2017 本試)

X　石清水八幡宮の保護のもと，大山崎を拠点に独占的な販売を行った。

Y　貨幣の需要の高まりによって粗悪な銭が流通し，良銭が求められた。

a　綿座　　**b**　油座　　**c**　撰銭　　**d**　分一銭

　① **X—a　Y—c**　　② **X—a　Y—d**

　③ **X—b　Y—c**　　④ **X—b　Y—d**

10 室町時代2

□ **問1**　次の**史料1**は1500年に室町幕府が京都で発布した撰銭令である。また，後の**史料2**は1485年に大内氏が山口で発布し，1500年においても有効だった撰銭令である。**史料1・2**によって分かることに関して述べた後の文a〜dについて，最も適当なものの組合せを，後の①〜④のうちから一つ選べ。

(2023 本試)

史料1

商売人等による撰銭の事について

近年，自分勝手に撰銭を行っていることは，まったくもってけしからんことである。日本で偽造された私鋳銭については，厳密にこれを選別して排除しなさい。永楽銭・洪武銭・宣徳銭は取引に使用しなさい。

（『建武以来追加』大意）

史料2

利息付きの貸借や売買の際の銭の事について

永楽銭・宣徳銭については選別して排除してはならない。さかい銭（注1）・洪武銭・うちひらめ（注2）の三種類のみを選んで排除しなさい。

（『大内氏掟書』大意）

（注1）さかい銭：私鋳銭の一種。

（注2）うちひらめ：私鋳銭の一種。

a　使用禁止の対象とされた銭の種類が一致していることから，大内氏は室町幕府の規制に従っていたことが分かる。

b　使用禁止の対象とされた銭の種類が一致していないことから，大内氏は室町幕府の規制に従ってはいなかったことが分かる。

c　永楽通宝は京都と山口でともに好んで受け取ってもらえ，市中での需要が高かったことが分かる。

d　永楽通宝は京都と山口でともに好んで受け取ってもらえず，市中での需要が低かったことが分かる。

　　① **a・c**　　② **a・d**　　③ **b・c**　　④ **b・d**

□ **問2**　平安時代以降の東北地方に関して述べた次の文Ⅰ〜Ⅲについて，古いものから年代順に正しく配列したものを，下の①〜⑥のうちから一つ選べ。

（2020 追試）

　Ⅰ　陸奥将軍府がおかれ，皇子が派遣された。

　Ⅱ　源頼義が，陸奥国の安倍氏を滅ぼした。

　Ⅲ　藤原基衡が，毛越寺を平泉に建立した。

①　Ⅰ—Ⅱ—Ⅲ　　　②　Ⅰ—Ⅲ—Ⅱ　　　③　Ⅱ—Ⅰ—Ⅲ

④　Ⅱ—Ⅲ—Ⅰ　　　⑤　Ⅲ—Ⅰ—Ⅱ　　　⑥　Ⅲ—Ⅱ—Ⅰ

□ **問3**　次の**資料**は，13〜14世紀の商業と交通について書かれている。この**資料**からは**読み取れない**内容を，下の①〜④のうちから一つ選べ。

（2018 試行／改）

資料

凡そ京の町人，浜の商人，鎌倉の誂（あつら）へ物，宰府（さい ふ）（大宰府）の交易，室・兵庫の船頭，淀・河尻の刀禰（と ね），大津・坂本の馬借，鳥羽・白河の車借，泊々の借上，湊々の替銭（かえせん）(注1)，浦々の問丸，同じく割符を以て之を進上し，俶載（しゅくさい）(注2)に任せて之を運送す。　　　　　　　（『庭訓往来』）

（注1）替銭：為替を組んで送金すること。または，それを扱った商人。

（注2）俶載：「俶」は「俶」の誤りか。「俶 載」ならば，車や船を雇って運送するという意味。

①　商工業者たちは公家や寺社の保護を受けて活動していた。

②　遠隔地間の取引のため，信用手段による決済が行われた。

③　商品の委託や運送を扱う業者が現れた。

④　物資の輸送のため，水上・陸上交通とも盛んであった。

□ **問4**　13〜14世紀は，単位面積当たりの生産性の向上により収穫が増加したという。このことについて述べた次の文**X・Y**について，その正誤の組合せとして正しいものを，後の①〜④のうちから一つ選べ。

（2018 試行／改）

X　二毛作が始まり，土地に養分を供給するために，油粕・糠（ぬか）などの肥料を，金銭を支払って購入するようになった。

Y 鍬・鎌・鋤などの鉄製農具が広く普及し，牛馬の使用が進んだため，田畑を効率よく耕せるようになっていった。

① **X** 正 **Y** 正 ② **X** 正 **Y** 誤

③ **X** 誤 **Y** 正 ④ **X** 誤 **Y** 誤

□ **問5** 15世紀について**X・Y**のような評価もある。それぞれの評価を根拠付ける情報を**X**は**a・b**，**Y**は**c・d**から選ぶ場合，**評価**と**根拠**の組合せとして最も適当なものを，下の①〜④のうちから一つ選べ。 (2018 試行／改)

評価 **X** この時代は「政治的に不安定な時代」である。

Y この時代は「民衆が成長した発展の時代」である。

根拠 **a** 並立した二つの朝廷を支持する勢力が武力抗争し，また，その一方の内紛などもあって内乱は長期化した。

b 全国の大名を二分した大乱は終結したが，地方には新たな政治権力も生まれ，地域的な紛争は続いた。

c 村では，共同の農作業や祭礼を通して構成員同士が結び付いていたが，戦乱に対する自衛で内部の結合を強くしていった。

d 村では，指導者が多くの書籍を収集して人々に活用させ，儒学を中心とする高度な教育を進めていった。

① **X**―**a** **Y**―**c** ② **X**―**a** **Y**―**d**

③ **X**―**b** **Y**―**c** ④ **X**―**b** **Y**―**d**

□ **問6** 中世後期の文化について述べた文として正しいものを，次の①〜④のうちから一つ選べ。 (2020 追試)

① 二条良基は，自由な気風をもつ俳諧連歌を始めた。

② 雪舟は，日本の風景を題材とする大和絵を大成した。

③ 世阿弥は，能の理論を述べた『風姿花伝』（花伝書）を残した。

④ 村田珠光は，茶の産地を飲みあてる闘茶の祖とされた。

中世　実戦問題

　日本史探究の授業で，中世社会における様々な権力と，それらによる対立・
紛争の解決方法について，A班とB班に分かれて，資料を基に追究した。次の
文章**A・B**を読み，後の問い（**問1～5**）に答えよ。（資料には，省略したり，
改めたりしたところがある。）

（2022 試作）

A　A班では，授業での発表に向けて，中世における新しい権力の登場を示す
資料や，対立・紛争の解決方法に関わる資料を準備し，班内で話し合った。

資料1　『天狗草紙』

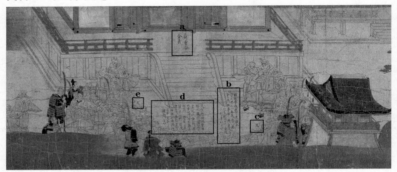

（「天狗草紙」東京国立博物館所蔵より作成 Image：TNM Image Archives）

資料2　御成敗式目23条

一　女人養子の事

　　右，法意(注1)の如くんば之を許さずと雖も，大将家の御時以来，当世に
　　至るまで，其の子無きの女人ら，所領を養子に譲与する事，不易(注2)の法，
　　勝計すべからず(注3)。加之，都鄙の例，先蹤(注4)惟れ多し。評議の処，
　　尤も信用に足るか。

　　（注1）法意：朝廷の法律家による法解釈。　（注2）不易：変わらないこと。

　　（注3）勝計すべからず：数え切れない。　（注4）先蹤：先例。

資料3　北条泰時書状

　この式目はただ仮名を知れる者の世間に多く候如く，あまねく人に心得や

すからせんために，武家の人へのはからひのためばかりに候。これによりて京都の御沙汰，律令のおきて聊（いささか）もあらたまるべきにあらず候也。

高　木：**資料1**は，鎌倉時代の絵だよ。**a**の部分に，比叡山延暦寺の僧侶たちによる合議の場面であると書いてあるね。

井　澤：覆面姿で，輪を作って集まっているね。鎧（よろい）や甲（かぶと）を身に着けた人たちもいる。まさに，　**ア**　と呼ばれる人たちを描いた絵なんだね。

菊　田：**b**の部分では，自分たち延暦寺と対等の立場に立とうとしている園城寺を非難しているよ。

高　木：**d**の部分では，「私たちの山は，仏法が栄えている地勢の優れた地であり，　**イ**　の霊場です。」と言っているね。そして，訴訟の際には道理によらないことを主張しても認められるとして，「もし朝廷の判決が滞った場合には，神輿を内裏周辺まで担ぎ込もう」と言っているよ。

菊　田：**c**と**e**の部分では，**b**や**d**の意見に賛成して「尤（もっとも）」と言っている。

井　澤：訴訟の準備の様子を描いた絵なんだね。自分たちの寺を国家の安泰を祈る「　**イ**　の霊場」と述べている点に，古代との連続性を感じるよ。

菊　田：それでも，**d**のような主張をしている点は，中世ならではの新しい動きだよね。僧侶の中に，　**ア**　のような武装した人々が含まれているところも，中世ならではだと思うよ。

高　木：中世ならではの新しい動きといえば，私が見つけてきた**資料2**も，武家が新たに法を定めていることを示している点で重要だと思うよ。

井　澤：でも，冒頭部分に，わざわざ朝廷の法律家の解釈に配慮するような文章があるのは，少し気になるなあ。

高　木：なので，幕府の法令がどのような方針で定められたのかを考えるために，もう一つ，**資料3**を用意してみたよ。

菊　田：中世の法や訴訟を取り巻く環境は，なかなか複雑なんだね。発表するときは，教室のみんなが混乱しないよう整理して発表しよう。

□ 問1　文章中の空欄　ア・イ　に入る語句の組合せとして正しいもの
を，次の①〜④のうちから一つ選べ。

　　① ア―僧　兵　　　　イ―鎮護国家
　　② ア―僧　兵　　　　イ―立正安国
　　③ ア―法華宗徒　　　イ―鎮護国家
　　④ ア―法華宗徒　　　イ―立正安国

□ 問2　資料2に関して説明した次の文あ〜えについて，正しいものの組合せを，
後の①〜④のうちから一つ選べ。

　あ　朝廷が定めていた法の内容を，幕府の法として制定した。
　い　朝廷が定めていた法とは異なる内容を，幕府の法として制定した。
　う　女性が養子を取って所領を譲る先例はなかった。
　え　子供のいない女性が養子を取り，その養子に所領を譲ることを認めた。

　　① あ・う　　② あ・え　　③ い・う　　④ い・え

□ 問3　資料1〜3に関連して，新しい権力が台頭した中世社会のあり方につい
て述べた文として誤っているものを，次の①〜④のうちから一つ選べ。

　① 寺院が朝廷に対し訴訟をする際には，強訴も行われたため，朝廷は，武
　　士の力を借りてこれに対応した。
　② 鎌倉幕府成立後も，幕府に属さない武士が公家に組織されていたり，武
　　装した僧侶が寺院に組織されていたりした。
　③ 鎌倉幕府が御成敗式目を定めたことによって，律令をはじめとする朝廷
　　の法は効力を失い，朝廷が裁判を行うこともなくなった。
　④ 荘園支配をめぐって地頭と争う際には，公家や寺社などの荘園領主も鎌
　　倉幕府に訴訟を提起した。

B　B班では，人々が対立・紛争を解決し秩序を構築するためにどのようなことを行ったかについて発表するため，資料を集めて先生に相談した。

　資料4　1373年5月6日　松浦党一揆契状写
　　一　この一揆の構成員の中で所領支配に関する合戦を始めとする紛争が発
　　　　生した時は，話し合いを行い，賛同者の多い意見によって取り計らう。
　　一　この一揆の構成員の中で裁判を行う時は，兄弟・叔父甥・縁者・他人
　　　　にかかわらず，道理・非儀についての意見を率直に述べるべきである。

　先　生：みなさんが見つけてきた資料は，多くの人々が紛争の解決や秩序
　　　　　　の構築のための方法について取り決め，それを守ることを連名で
　　　　　　誓約した文書ですね。
　鈴　木：**資料4**は@国人の一揆が作成したものです。国人は居住している
　　　　　　所領の支配を強化した武士で，鎌倉時代の地頭の子孫も多く含ま
　　　　　　れていました。戦国時代の資料には，紛争解決について「同輩中
　　　　　　での喧嘩については，殿様の御下知・御裁判に違背してはならな
　　　　　　い」と記されたものもありました。
　　鄭　：**資料4**も戦国時代の資料も同じように多くの人々が紛争の解決方
　　　　　　法について誓約していますが，南北朝時代と戦国時代とでは，紛
　　　　　　争解決の方法が変化しているようです。権力のあり方が変化して
　　　　　　いるのではないかと思います。
　先　生：時代の変化が捉えられそうですね。実際の紛争解決の事例も探し
　　　　　　てみるとよいと思います。

□ 問4　**資料4及び下線部ⓐに関して説明した次の文あ～え**について，正しいものの組合せを，後の①～④のうちから一つ選べ。

あ　国人の一揆は自立性が強く，守護の支配に抵抗することもあった。

い　一揆内部での話し合いの結論は，年長者の意見によって決定された。

う　構成員間での紛争は，一揆外部の権力に依存して解決しようとした。

え　裁判の際は，個人的な人間関係によらない公正な態度が求められた。

　　①　**あ・う**　　②　**あ・え**　　③　**い・う**　　④　**い・え**

□ 問5　B班ではさらに調査を行い，中世後半から近世への権力の変化についてまとめた。そのまとめの文章として**誤っているもの**を，次の①～④のうちから一つ選べ。

①　戦国大名の中には，法を定めて，当事者同士の私闘による紛争解決を禁止しようとするものも現れた。

②　戦国大名は，国力を増し軍事力を強化するため，領国内の産業の発展に努めた。

③　全国の統一を進めた織豊政権は，戦国大名だけでなく，寺社勢力をも従えていった。

④　戦国大名がキリスト教を警戒して海外との交流を禁じたことが，江戸時代のキリスト教禁止につながっていった。

解答・解説：別冊 p.33

11 織豊政権

□**問1**　戦国から近世初期の城・町について述べた文として**誤っているもの**を，次の①〜④のうちから一つ選べ。 (2016 本試)

① 織田信長は，近江国に天守閣（天主）をもつ城を築いた。

② 豊臣（羽柴）秀吉は，石山本願寺跡に大坂城を築いた。

③ 伊勢国の大湊は城下町として栄え，自治的に運営された。

④ 浄土真宗の寺院を中心とした寺内町が，建設された。

□**問2**　戦国大名や織豊政権の法と政策について述べた文として**誤っているもの**を，次の①〜④のうちから一つ選べ。 (2015 本試)

① 戦国大名の分国法には，喧嘩両成敗法の条文を含むものがあった。

② 領国支配の強化のために，検地を実施する戦国大名がいた。

③ 織田信長は，城下町の安土で商工業者の座の特権を廃止した。

④ 豊臣秀吉は，京枡の使用を禁止する政策をとった。

□**問3**　戦国時代から安土桃山時代にかけての京都について述べた文として**正しいもの**を，次の①〜④のうちから一つ選べ。 (2011 本試)

① 織田信長が聚楽第を造り，天皇を招いた。

② 東市・西市がおかれ，市司が管理した。

③ 町衆によって，祇園祭が復興された。

④ 花の御所とよばれる将軍の邸宅が創建された。

□**問4**　安土・桃山時代および江戸時代の寺社や宗教について述べた文として**誤っているもの**を，次の①〜④のうちから一つ選べ。 (2005本試)

① 寺社のなかには，幕府から領地を与えられるものがあった。

② 新たな民衆宗教として，幕末に金光教が創始された。

③ 方広寺の鐘銘問題がきっかけとなり，禁教令が出された。

④ 有馬晴信は，キリスト教を信仰した大名である。

□ **問5**　以下は，18歳選挙権の話を聞いた生徒たちが，中世までの日本における「会議」や「意思決定」の方法をテーマとして，資料を調査し，発表を行った学習活動の成果である。D班の発表資料を読み，後の**問**に答えよ。

（2017 試行／改）

D班　発表資料

戦国時代の堺

調べてわかったこと

　堺は，有力な町衆である会合衆によって治められている。それは，ベニス市における執政官のような存在だったらしい。

さらに調べたこと

　ベニス市の執政官について，先生から次の資料(堺より古い時代らしい)を紹介された。

資料　『フリードリヒ1世事績録』におけるベニス市などの記述

> （北イタリアの諸都市では）命令者よりも執政官の意見によって治められている。市民の間には3つの身分すなわち領主，陪臣(注)，平民があることが知られているが，横暴を抑えるため，執政官は一身分からではなく各身分から選ばれる。また支配欲が出ないよう，執政官はほぼ毎年交代する。
>
> (注) 陪臣：領主の家臣

仮説　堺の町の運営は，次の図のように表すことができる。

図　ア

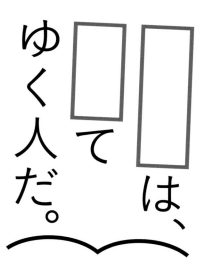

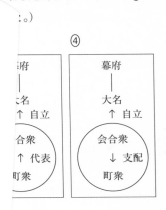

④

幕府
｜
大名
↑ 自立
会合衆
↓ 支配
町衆

を与えた新たな技術に関して

代順に正しく配列したものを，

（2020 本試）

鉄砲の使用法・製造法を家臣

朝鮮人陶工により，新たな製

大陸由来の建築様式をもたら

① 　　　　　　　　　　　Ⅱ—Ⅰ—Ⅲ

④ 　Ⅱ—Ⅲ—Ⅰ　　⑤　Ⅲ—Ⅰ—Ⅱ　　⑥　Ⅲ—Ⅱ—Ⅰ

12 江戸時代前期1

☐ **問1** 江戸幕府と大名の関係について述べた文として正しいものを，次の①〜
④のうちから一つ選べ。 (2016 本試)

① 大名に，京都への参勤交代を命じた。

② 大名を監察するために，目付をおいた。

③ 有力な外様大名に，老中の職を独占させた。

④ 武家諸法度を制定し，諸大名にその遵守を命じた。

☐ **問2** 中世から近世にかけての荘園や村の支配に関して述べた次の文Ⅰ〜Ⅲに
ついて，古いものから年代順に正しく配列したものを，下の①〜⑥のうちか
ら一つ選べ。 (2014 本試)

Ⅰ 村では，本百姓が名主（庄屋・肝煎）・組頭・百姓代などをつとめ，年
貢の納入は村の責任とされた。

Ⅱ 荘園の管理を任された地頭は，一定額の年貢納入を請け負うようになっ
た。

Ⅲ 半済令によって守護は，年貢を荘園領主と折半し，それを配下の武士に
分け与えることを認められた。

① Ⅰ—Ⅱ—Ⅲ ② Ⅰ—Ⅲ—Ⅱ ③ Ⅱ—Ⅰ—Ⅲ

④ Ⅱ—Ⅲ—Ⅰ ⑤ Ⅲ—Ⅰ—Ⅱ ⑥ Ⅲ—Ⅱ—Ⅰ

☐ **問3** 江戸時代における身分と村社会について述べた文として正しいものを，
次の①〜④のうちから一つ選べ。 (2012 本試)

① 入会地や用水の管理など村の運営は，城下町に常駐した武士によって
行われた。

② 村役人には，苗字・帯刀を許された者でなければ就任できなかった。

③ 牛馬の死体処理や皮革産業に携わる者が，農業にかかわることはな
かった。

④ 百姓身分のなかには，農業のほか，林業・漁業に従事する者もいた。

□ **問 4**　青山さんは，大坂とその周辺地域の名所・旧跡などを解説した1796〜
1798年刊行の『摂津名所図会』を図書館で見つけたが，そこには大坂の港
の風景を描いた挿絵（**資料**）が収められていた。そこで青山さんは，**資料**に
ついて調べ，**メモ**を作成した。**メモ**中の空欄　**ア**　・　**イ**　に入る語句の
組合せとして正しいものを，後の①〜⑥のうちから一つ選べ。　　(2022 試作)

資料　大坂の港の風景を描いた『摂津名所図会』の挿絵

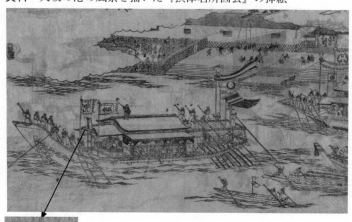

（注）王苻：王府と同じ。

メモ

　　資料は，西日本の諸大名などが船の乗り降りをした大坂の港の風景で
ある。ここでは，将軍のもとへ派遣された　**ア**　の使節の乗る船が大
坂の港に到着し，それを見物しようとしたと思われる多くの人々が集
まっている。また，船の正面に掲げられた額には，使節がどこから派遣
されたかが記されている。

　　大坂に到着した　**ア**　の使節は，1609年以来支配を受ける　**イ**　藩
の役人に先導され，東海道などを通って江戸に向かった。

① **ア**─　清　　**イ**─対　馬　　② **ア**─　清　　**イ**─薩　摩

③ **ア**─朝　鮮　　**イ**─福　岡　　④ **ア**─朝　鮮　　**イ**─対　馬

⑤ **ア**─琉　球　　**イ**─薩　摩　　⑥ **ア**─琉　球　　**イ**─福　岡

□ **問5**　江戸時代における朝鮮・琉球・中国・オランダのそれぞれと日本との関
係について述べた文として正しいものを，次の①〜④のうちから一つ選べ。

(2011 本試)

① 秀吉による侵略の失敗ののち，朝鮮と江戸幕府との間で己酉約条が結
ばれ，長崎において日朝貿易が行われることになった。

② 琉球王国は薩摩藩により武力征服されたが，一方では，中国と琉球王
国との朝貢貿易は維持された。

③ 寛永期に幕府は，中国船の来航を長崎に限定し，渡航許可書である朱
印状を中国船に与えて，日本と中国との朝貢貿易を行った。

④ オランダ船来航のたびに提出されたオランダ国王の親書によって，幕
府は海外の情報を得ることができた。

□ **問6**　松前藩に関して述べた文として正しいものを，次の①〜④のうちから一
つ選べ。

(2013 本試)

① 松前藩主は，アイヌとの交易の独占を室町幕府から公認された。

② シャクシャインの戦いに敗北した松前藩は，アイヌ交易の主導権を
失った。

③ 松前藩では，アイヌとの交易権を家臣に分与する商場知行制がとられ
た。

④ ロシア船の来航を契機に，江戸幕府は松前藩を改易し，五稜郭に松前
奉行を置いた。

13 江戸時代前期2

□ **問1** 空欄 **ア** **イ** に入る語句の組合せとして正しいものを，下の①～④のうちから一つ選べ。

(2010 本試)

4代将軍の時代には，異様な風体で徒党を組み，秩序におさまらない **ア** に対する取締りを強めた。5代将軍が出した **イ** は，庶民を苦しめたが，殺生を避ける風潮が社会に浸透していくことにもなった。

① **ア** かぶき者　**イ** 生類憐みの令

② **ア** かぶき者　**イ** 末期養子の禁

③ **ア** 無宿人　　**イ** 生類憐みの令

④ **ア** 無宿人　　**イ** 末期養子の禁

□ **問2** 空欄 **ア** **イ** に入る語句の組合せとして正しいものを，下の①～④のうちから一つ選べ。

(2013 本試／改)

将軍の就任にあたり，……琉球は **ア** を，朝鮮は通信使を送った。……5代将軍となった **イ** は，武士に忠と孝，礼儀による秩序を要求した。

① **ア** 謝恩使　**イ** 徳川綱吉　② **ア** 謝恩使　**イ** 徳川家宣

③ **ア** 慶賀使　**イ** 徳川綱吉　④ **ア** 慶賀使　**イ** 徳川家宣

□ **問3** 6・7代将軍の時期の幕府の政策に関して述べた次の文**X**・**Y**について，その正誤の組合せとして正しいものを，下の①～④のうちから一つ選べ。

(2010 本試)

X 朝鮮からの国書に記す将軍の称号を，日本国大君と改めさせた。

Y 新たに閑院宮家を創設し，朝廷との協調をはかった。

① **X** 正　**Y** 正　② **X** 正　**Y** 誤

③ **X** 誤　**Y** 正　④ **X** 誤　**Y** 誤

□ **問4** 江戸時代に普及した次ページの農具**X**・**Y**と，それについて説明した文**a**～**d**との組合せとして正しいものを，後の①～④のうちから一つ選べ。

(2012 本試)

X   **Y**

a　牛にひかせて土を掘り起こす犂　　**b**　深耕に適した鍬

c　能率的な脱穀道具　　　　　　　　**d**　穀粒の選別用具

  ① **X—a**　　**Y—c**　　② **X—a**　　**Y—d**

  ③ **X—b**　　**Y—c**　　④ **X—b**　　**Y—d**

□ **問5**　近世の上方について述べた文として正しいものを，次の①〜④のうちから一つ選べ。　(2017 本試)

  ①　京都の豪商である末次平蔵は，富士川や賀茂川の整備を行った。

  ②　元禄期には大坂堂島の十組問屋が，幕府に公認された。

  ③　上方で生産された醤油が，幕末まで江戸の市場を独占した。

  ④　蝦夷地や日本海側の産物が，北前船で上方へ運ばれた。

□ **問6**　近世の印刷物に関して述べた次の文Ⅰ〜Ⅲについて，古いものから年代順に正しく配列したものを，下の①〜⑥のうちから一つ選べ。　(2014 本試)

  Ⅰ　宣教師が伝えた活字印刷術によって，天草版（キリシタン版）が作られた。

  Ⅱ　『日本永代蔵』などの，浮世草子とよばれる小説が著された。

  Ⅲ　喜多川歌麿が，多色刷の浮世絵版画（錦絵）の絵師として活躍した。

  ① Ⅰ—Ⅱ—Ⅲ　　② Ⅰ—Ⅲ—Ⅱ　　③ Ⅱ—Ⅰ—Ⅲ

  ④ Ⅱ—Ⅲ—Ⅰ　　⑤ Ⅲ—Ⅰ—Ⅱ　　⑥ Ⅲ—Ⅱ—Ⅰ

□ **問7**　次の**史料**は，日本の船が漂流して，1751年に中国に漂着した件について，後に長崎でまとめられたものである。この**史料**に関して述べた後の文**a〜d**について，最も適当なものの組合せを，後の①〜④のうちから一つ選べ。

(2023 本試)

史料

この者ども(注1)，（中略）厦門に送られ，官所(注2)において吟味これ有り。
（中略）寧波府鄞県(注3)の信公興という商人に申し付けられ，船頭鄭青雲，
財副(注4)林栄山，外に童天栄・黄福，この二人は日本に渡海馴れたる者にて，
少々日本詞を覚えたる由にて，通弁(注5)・介抱のため差し添え，十一月六日，
寧波より出船，（中略）同二十日，当湊に着船せり。右の厦門海防庁(注6)
許氏より咨文(注7)一通，寧波府鄞県黄氏より咨文一通差し送り，（中略）菅
沼氏より回咨(注8)二通，両所に相渡さる。　　　　（『長崎実録大成』）

（注1）この者ども：日本からの漂流民。　　（注2）官所：中国の役所。

（注3）寧波府鄞県：現在の中国・寧波市にあった行政区域・行政機関。

（注4）財副：会計を担当する副船長格の船員。　（注5）通弁：通訳。

（注6）海防庁：海岸部の防衛に当たった役所。　（注7）咨文：公文書。

（注8）菅沼氏より回咨：長崎奉行菅沼定秀の返書。

a　**史料**によれば，漂流民の送還に当たって，中国の役人と日本の役人との
間で公文書がやりとりされた。

b　**史料**によれば，漂流民の送還に当たって，中国の役人が日本まで同行し
て漂流民を送還した。

c　この漂流事件が起きた当時，中国と日本との間に正式な外交使節の往き
来はなかった。

d　この漂流事件が起きた当時，中国から日本に来航する貿易船の数や貿易
額はまだ制限されていなかった。

① **a・c**　　② **a・d**　　③ **b・c**　　④ **b・d**

□ **問8**　近世の庶民生活にかかわる諸産業に関して述べた文として正しいものを，
次の①〜④のうちから一つ選べ。　　　　　　　　　(2014 本試)

① 九十九里浜では鰊漁，土佐では鰯漁などがさかんに行われた。

② 瀬戸内海沿岸を中心に，入浜式塩田（入浜塩田）が発達した。

③ 刈敷や草木灰が，金肥として普及した。

④ 灘の醬油，阿波の紅花などの特産品が全国各地に生まれた。

□ **問9** 近世の東北諸藩に関して述べた次の文**X・Y**について，その正誤の組合せとして正しいものを，下の①～④のうちから一つ選べ。 (2015 本試)

X 仙台藩主伊達政宗は，メキシコと直接貿易を開くために，家臣をスペイン（イスパニア）に派遣した。

Y 倹約を励行し，特産物の生産を奨励した藩主に，秋田藩主佐竹義和がいる。

① **X** 正　　**Y** 正　　② **X** 正　　**Y** 誤

③ **X** 誤　　**Y** 正　　④ **X** 誤　　**Y** 誤

□ **問10** 沖縄県や北海道にあたる地域に関して述べた文として正しいものを，次の①～④のうちから一つ選べ。 (2009 本試)

① 12世紀の沖縄では，尚氏により統一されていた沖縄本島が三つの王国に分裂した。

② 13世紀には蝦夷地にも鎌倉幕府の支配がおよび，貝塚文化が消滅することとなった。

③ 17世紀になると蝦夷地では，松前藩がアイヌとの交易権を家臣に分与する商場知行制がとられた。

④ 18世紀になると沖縄では，琉球王国が薩摩藩や清と対等な外交関係を結んだ。

□ **問11** 明暦の大火が発生した時の将軍によって行われた政策について述べた文として正しいものを，次の①～④のうちから一つ選べ。 (2022 追試)

① 飢饉・災害による困窮者を救うため，七分積金（七分金積立）の制度が作られた。

② 江戸では，消防作業に携わる町火消が組織された。

③ 家臣が主君のあとを追う殉死が禁止された。

④ 貧しい人々を対象とする医療施設として，小石川養生所が作られた。

14 江戸時代後期1

□ **問1** 大名にかかわる江戸幕府の政策について述べた次の文**X・Y**と，それが行われたときの将軍の名前**a~d**との組合せとして正しいものを，下の①~④のうちから一つ選べ。　(2011 本試)

X この将軍のとき，大名改易の理由の一つとなっていた末期養子の禁止をゆるめた。

Y この将軍のとき，石高1万石につき米100石を献上させる見返りとして，参勤交代の在江戸期間を短縮した。

a 徳川家光　　**b** 徳川家綱　　**c** 徳川吉宗　　**d** 徳川慶喜

① **X—a**　**Y—c**　② **X—a**　**Y—d**

③ **X—b**　**Y—c**　④ **X—b**　**Y—d**

□ **問2** 近世の飢饉への対応・対策について述べた文として正しいものを，次の①~④のうちから一つ選べ。　(2015 本試)

① 寛永の飢饉で農村が被害をうけると，幕府は百姓による田畑の永代売買を公認した。

② 享保の改革では，上米の制（上げ米）により，農村から余った米を買い上げて米価の下落を防ぐとともに，飢饉や災害に備えた。

③ 寛政の改革では，町入用節約分の7割を町会所に積み立てさせて，飢饉や災害に備えさせた。

④ 天保の飢饉に際して大坂では，富裕な商人が米を売りおしみせず，米価は安定していた。

□ **問3** 江戸時代の都市社会について述べた文として**誤っている**ものを，次の①~④のうちから一つ選べ。　(2005 本試)

① 江戸や大坂の有力な両替商が，大名貸や為替業務を行った。

② 幕末になると，異様な風体をした「かぶき者」が横行しはじめた。

③ 大槻玄沢は，江戸に私塾芝蘭堂を開いた。

④ 西山宗因らの談林派による俳諧がもてはやされた。

右余白：4章 近世

□ **問4** 江戸城下における町人地に関連して述べた文として正しいものを，次の
①～④のうちから一つ選べ。 (2009 本試)

　① 地主・家持・地借・店借が，町の構成員として自治に参加した。

　② 天保の飢饉に際し，江戸の町人地で，町奉行所の元与力が，貧民救済
　　のために武装蜂起した。

　③ 江戸では，寛政期に飢饉や災害時の対策として町費の節約分の7割を
　　積み立てるよう命じられた。

　④ 江戸全体の人口に占める町人の人口の割合は，9割を超えていた。

□ **問5** 江戸時代の儒者と対外関係に関して述べた次の文Ⅰ～Ⅲについて，古い
ものから年代順に正しく配列したものを，下の①～⑥のうちから一つ選べ。

(2012 本試)

　Ⅰ 水戸藩の会沢安（正志斎）が『新論』を書き，尊王攘夷運動に影響を与
　　えた。

　Ⅱ 木下順庵の門下である雨森芳洲が，対馬藩で対朝鮮外交に尽力した。

　Ⅲ 幕府に登用された林羅山が，外交文書を起草した。

　① Ⅰ—Ⅱ—Ⅲ　　② Ⅰ—Ⅲ—Ⅱ　　③ Ⅱ—Ⅰ—Ⅲ

　④ Ⅱ—Ⅲ—Ⅰ　　⑤ Ⅲ—Ⅰ—Ⅱ　　⑥ Ⅲ—Ⅱ—Ⅰ

□ **問6** 江戸時代の尊王思想の興隆に関して述べた次の文Ⅰ～Ⅲについて，古い
ものから年代順に正しく配列したものを，下の①～⑥のうちから一つ選べ。

(2017 本試)

　Ⅰ 宝暦事件において，京都で公家に尊王論を説いた竹内式部が追放された。

　Ⅱ 藤田東湖・会沢安（正志斎）らが，尊王攘夷論を説いた。

　Ⅲ 明和事件で，幕政を批判し尊王論を説いた山県大弐が死罪となった。

　① Ⅰ—Ⅱ—Ⅲ　　② Ⅰ—Ⅲ—Ⅱ　　③ Ⅱ—Ⅰ—Ⅲ

　④ Ⅱ—Ⅲ—Ⅰ　　⑤ Ⅲ—Ⅰ—Ⅱ　　⑥ Ⅲ—Ⅱ—Ⅰ

□ **問7** 幕府から大坂の住民に1735年に出された法令（**資料**）について述べた文として最も適当なものを，後の①〜④のうちから一つ選べ。 (2022 試作)

資料

米値段次第に下値(注1)にあい成り，武家ならびに百姓難儀の事にて，町人・諸職人等に至るまで商い薄く，かせぎ事これなく，世間一統の困窮におよび候あいだ(注2)，当冬より江戸・大坂米屋ども，諸国払い米(注3)，（中略）大坂は米一石につき銀四十二匁以上に買い請け申すべく候。

（注1）下値：安い値段。

（注2）あいだ：〜ので。〜ゆえ。

（注3）払い米：領主が売り払う米。

① この法令は，徳川家光が将軍であった時期に出されている。

② 大坂では米の価格を主に金貨の単位で表した。

③ この法令は，諸国からの米を大坂の米屋が購入する際の価格の上限を定めている。

④ 武士は米（石高）を基準に収入を得るため，米価が下落すると生活が苦しくなる。

□ **問8** 江戸時代の学術や農業について説明した次の文Ⅰ〜Ⅲについて，古いものから年代順に正しく配列したものを，後の①〜⑥のうちから一つ選べ。

(2022 追試)

Ⅰ 荒廃した農村を復興させるため，二宮尊徳が報徳仕法を実践した。

Ⅱ 凶作時の食用に備えて，蘭学者でもある青木昆陽が甘藷の普及を図った。

Ⅲ 農産物の増産等を目指して，農学者の宮崎安貞が『農業全書』を著した。

① Ⅰ—Ⅱ—Ⅲ   ② Ⅰ—Ⅲ—Ⅱ   ③ Ⅱ—Ⅰ—Ⅲ

④ Ⅱ—Ⅲ—Ⅰ   ⑤ Ⅲ—Ⅰ—Ⅱ   ⑥ Ⅲ—Ⅱ—Ⅰ

15 江戸時代後期2

□ **問1** 空欄 ア イ に入る語句の組合せとして正しいものを，下の①〜④のうちから一つ選べ。

(2017 本試／改)

1787年，…… ア が老中に就任し，「寛政の改革」が始まった。……同じく1787年に行われた光格天皇の大嘗祭では，古い儀式が数多く再興された。……この天皇は，のちに幕府との間で イ を引き起こし，対立することもあった。

① ア 松平定信　イ 尊号一件（事件）

② ア 松平定信　イ 紫衣事件

③ ア 水野忠邦　イ 尊号一件（事件）

④ ア 水野忠邦　イ 紫衣事件

□ **問2** 江戸時代の治安の悪化に関して述べた次の文Ⅰ〜Ⅲについて，古いものから年代順に正しく配列したものを，下の①〜⑥のうちから一つ選べ。

(2013 本試)

Ⅰ 幕府は，江戸の石川島に人足寄場を設け，無宿人を収容した。

Ⅱ 大坂町奉行所の元与力で，陽明学者の大塩平八郎が乱を起こした。

Ⅲ 幕府は，関東取締出役を設け，犯罪者の取締りにあたらせた。

① Ⅰ—Ⅱ—Ⅲ　② Ⅰ—Ⅲ—Ⅱ　③ Ⅱ—Ⅰ—Ⅲ

④ Ⅱ—Ⅲ—Ⅰ　⑤ Ⅲ—Ⅰ—Ⅱ　⑥ Ⅲ—Ⅱ—Ⅰ

□ **問3** 空欄 ア イ に入る語句の組合せとして正しいものを，下の①〜④のうちから一つ選べ。

(2015 本試)

1841年に大御所徳川家斉が死去すると，将軍 ア のもとで政治改革が始まる。幕府は改革に着手する準備として，1838年に老中 イ の指示により，江戸と地方がかかえている問題への対策について諸国の代官たちに諮問をした。

① ア 徳川家慶　イ 水野忠邦　② ア 徳川家慶　イ 田沼意次

③ ア 徳川家綱　イ 水野忠邦　④ ア 徳川家綱　イ 田沼意次

□ **問4**　19世紀前半の対外関係の事件・事項について述べた文として**誤ってい**
るものを，次の①〜④のうちから一つ選べ。 （2016 本試）

 ① 宣教師シドッチが，蝦夷地に潜入して捕らえられた。

 ② 商人高田屋嘉兵衛が，ロシアによって抑留された。

 ③ オランダ商館医シーボルトが，鳴滝塾を開いた。

 ④ イギリス船フェートン号が，長崎に侵入した。

□ **問5**　18世紀末から19世紀前半の対外関係に関して述べた次の文X・Yについ
て，その正誤の組合せとして正しいものを，下の①〜④のうちから一つ選べ。

（2013 本試）

 X　ロシア使節のラクスマン（ラックスマン）が根室に来航し，漂流民を送
り届け，通商を求めた。

 Y　ロシア軍艦の艦長ゴローニン（ゴローウニン）が，国後島で捕らえられ
た。

 ① **X** 正　**Y** 正　　② **X** 正　**Y** 誤

 ③ **X** 誤　**Y** 正　　④ **X** 誤　**Y** 誤

□ **問6**　空欄　**ア**　**イ**　に入る語句の組合せとして正しいものを，下の
①〜④のうちから一つ選べ。 （2009 本試）

 ……　**ア**　地域は江戸城下の商業の中心地として発展し，その東側は魚
市場としてにぎわった。外国船が日本の近海に出現し始めると，……林子平
は『　**イ**　』を著した。その中で林は，「江戸の　**ア**　より唐（清国），
阿蘭陀迄境なし」と述べ，……幕府の海防政策が長崎に限られていることを
批判した。

 ① **ア** 日本橋　**イ** 海国兵談　② **ア** 日本橋　**イ** 戊戌夢物語

 ③ **ア** 堂島　**イ** 海国兵談　④ **ア** 堂島　**イ** 戊戌夢物語

□ **問7** 近世後期の対外問題への幕府の対応に関して述べた次の文Ⅰ～Ⅲについて、古いものから年代順に正しく配列したものを、下の①～⑥のうちから一つ選べ。 (2015 本試)

Ⅰ 海防上の必要から、近藤重蔵らに択捉島の探査を行わせた。

Ⅱ アヘン戦争の情報を受け、外国船に対する薪水給与を命じた。

Ⅲ ロシアとの間に軍事的緊張が高まるなか、はじめて全蝦夷地を直轄地とした。

① Ⅰ—Ⅱ—Ⅲ ② Ⅰ—Ⅲ—Ⅱ ③ Ⅱ—Ⅰ—Ⅲ
④ Ⅱ—Ⅲ—Ⅰ ⑤ Ⅲ—Ⅰ—Ⅱ ⑥ Ⅲ—Ⅱ—Ⅰ

□ **問8** 異国船の日本来航、またはそれへの対応に関して述べた次の文Ⅰ～Ⅲについて、古いものから年代順に正しく配列したものを、下の①～⑥のうちから一つ選べ。 (2011 本試)

Ⅰ イギリス軍艦フェートン号が長崎に侵入した。

Ⅱ アヘン戦争の情報を受けた幕府により、薪水給与令が出された。

Ⅲ 異国船打払令（無二念打払令）が出された。

① Ⅰ—Ⅱ—Ⅲ ② Ⅰ—Ⅲ—Ⅱ ③ Ⅱ—Ⅰ—Ⅲ
④ Ⅱ—Ⅲ—Ⅰ ⑤ Ⅲ—Ⅰ—Ⅱ ⑥ Ⅲ—Ⅱ—Ⅰ

□ **問9** 次の**史料**は、1823年に鳥取藩が鉄穴流しについて領内に通達した文書の一部である。この**史料**に関して述べた後の文**X・Y**について、その正誤の組合せとして正しいものを、後の①～④のうちから一つ選べ。 (2020 本試)

史料

一、近来日野川(注1)下、別して(注2)鉄穴砂 夥 しく流れ出し、川底高く相成り、出水の砌(注3)は御田地・村々危急につき、種々御普請(注4)これあり候えども、只今の通りにてはその甲斐これなきにつき、炉ならびに鉄穴場所取り調べ候処、近来莫大の員数(注5)相増し候。右の趣にては、遠からざる内、小鉄(注6)も払底に相成り、山林も伐り尽し、御郡中(注7)の衰微、眼前の事(注8)に候。 （『鳥取藩史』第6巻）

（注1）日野川：鳥取県西部を流れる河川。 （注2）別して：特に。

（注３）出水の砌：洪水の時。

（注４）普請：土木工事。ここでは治水工事のこと。

（注５）員数：炉や鉄穴の数。　（注６）小鉄：砂鉄。

（注７）郡中：郡内の村々。　（注８）眼前の事：明らかなこと。

X　この**史料**は，鉄穴流しによって川底が上昇したため，洪水対策を行った
ところ効果があった，と述べている。

Y　この**史料**は，炉と鉄穴流しを行う場所が増加したため，近い将来，砂鉄
の枯渇と山林の荒廃によって村々が衰微する，と述べている。

① **X**　正　　**Y**　正　　② **X**　正　　**Y**　誤

③ **X**　誤　　**Y**　正　　④ **X**　誤　　**Y**　誤

問10　俳句も社会の世相を語る資料である。信濃国の百姓で，文化・文政期
に活躍した俳諧師の小林一茶は，数多くの俳句を残している。次の問い(1)・
(2)に答えよ。

(2018 試行)

☐(1)　化政文化に関して述べた文として**誤っているもの**を，次の①〜④のうち
から一つ選べ。

① 十返舎一九の著した滑稽本が広く読まれた。

② 富士山を題材にした葛飾北斎の浮世絵が人気を博した。

③ 近松門左衛門が人形浄瑠璃の脚本を書いた。

④ 曲亭（滝沢）馬琴が勧善懲悪を盛り込んだ読本を執筆した。

☐(2)　次の**甲・乙**の一茶の俳句とその説明**X・Y**について，その正誤の組合せ
として最も適当なものを，下の①〜④のうちから一つ選べ。

甲　春風の国にあやかれおろしや船　　　　（「文化句帖」文化元年）

乙　さまづけ（様付）に育てられたる蚕かな　（「七番日記」文政元年）

X　甲の句からは，外国船の来航が庶民にも伝わっていたことが分かる。

Y　乙の句からは，農家の副業として養蚕が重視されていたことが分かる。

① **X**　正　　**Y**　正　　② **X**　正　　**Y**　誤

③ **X**　誤　　**Y**　正　　④ **X**　誤　　**Y**　誤

近世　実戦問題

□ **問1**　ユウキさんは，「近世後期になると，村・町などの集団・組織を通じた支配が動揺した」に関連して，支配の動揺をもたらした動きについて記した次の**史料1・2**を読んだ。**史料1・2**に関して述べた後の文**X・Y**について，その正誤の組合せとして正しいものを，後の①～④のうちから一つ選べ。

(2022 本試)

史料1

　今般（天保七年）八月大風にて麦米高値，（中略）他国は知らず，国中一統難渋につき，露命(注1)もつなぎ難し。よって今日一千余人相談のため，石御堂(注2)に相集まり罷りあり候。十五以上六十以下の男子，取り急ぎ罷り越し，帳面に名を記すべし。もし不承知の村は，一千人の者ども押し寄せ，家々残らず打ち崩し申すべし，もし遅参の村は，真っ先に庄屋を打ち砕き候趣，申し次ぎにて言い送りける。　　　（『鴨の騒立』）

（注1）　露命：はかない命。　　（注2）　石御堂：三河国滝脇村にある。

史料2

　天明七丁未年五月（中略），こわしたる跡を見たるに，破りたる米俵，家の前に散乱し，米ここかしこに山をなす。その中にひき破りたる色々の染小袖，帳面の類，破りたる金屏風，こわしたる障子唐紙，大家なりしに内は見え透くやうに残りなく打ちこわしけり。後に聞けば，はじめは十四・五人なりしに，追々加勢して百人計りなりしとぞ。（中略）諸方の蜂起，米屋のみにあらずとも富商人は手をくだせり。　　　（『蛛の糸巻』）

X　史料1によれば，一揆に加わらない村へ制裁を加えるとしている。

Y　史料2は，百姓たちが結集して庄屋や米屋を襲撃した世直し一揆について述べている。

① **X** 正　**Y** 正　② **X** 正　**Y** 誤

③ **X** 誤　**Y** 正　④ **X** 誤　**Y** 誤

□ **問2** ユウキさんは次に,「都市では,組織に属さない「野非人(のひにん)」と呼ばれる人々も増加し」に関連して,1836年に江戸の町奉行所が,配下の者に提出させた報告書を読んだ。次の**史料3**はその一部である。**史料3**と幕府の政策に関して述べた後の文**a~d**について,最も適当なものの組合せを,後の①~④のうちから一つ選べ。 (2022 本試)

史料3

一,御当地場末(注1)の町家に住居候其日稼ぎの者ども,給続けも相成り兼ね,其上店賃(注2)等相払い候儀も致し難く,余儀なく店仕舞い無宿に成り,野非人同様物貰い致し居り候者も多分これある由。

　（中略）

右の通り御座候て,御当地非人頭ども,日々（中略）狩り込み,手下に致し候(注3)ても（中略）働き方難儀につき居付き申さず,立ち出(注4),元の如く野非人に打ち交り居り候ゆえ,野非人ども多く相成り候。

　　　　　　　　　　　　（「野非人之儀ニ付風聞書」旧幕府引継書）

（注1）　場末：町はずれ。

（注2）　店賃：借家の家賃。

（注3）　狩り込み,手下に致し候：捕まえて,非人頭の配下に置くこと。

（注4）　立ち出：立ち去る。

a　史料3によれば,江戸の場末の町家には,物乞(ものご)いをするその日稼ぎの人々が多数住んでいたと考えられる。

b　史料3によれば,幕府には,江戸の非人組織を通じて,無宿となった人々を捕まえ,野非人を減らそうとする意図があったと考えられる。

c　幕府はこの後,改革を行い,石川島に人足寄場を新設して,無宿人を収容した。

d　幕府はこの後,改革を行い,江戸へ流入した人々を帰郷させる人返しの法（人返し令）を出した。

①　**a・c**　　②　**a・d**　　③　**b・c**　　④　**b・d**

□ **問3** 授業では最後に，生徒たちが話し合って，学習内容を整理した。近世の身分と社会に関して述べた文として最も適当なものを，次の①〜④のうちから一つ選べ。 (2022 本試)

① 将軍に拝謁できる者とできない者など，武士身分の中にも区別が見られたと考えられる。

② 大工や鋳物師などの職人は，村への居住を禁じられ，町に住むことが強制されていたと考えられる。

③ 近世の百姓は，農業に従事する人々であり，林業や漁業に携わることはなかったと考えられる。

④ 牛馬の死体処理や皮革製造に従事する人々が，農業や商業に携わることはなかったと考えられる。

解答・解説：別冊 p.44

16 幕末

□ **問1** 空欄 ア イ に入る語句の組合せとして正しいものを，下の
①～④のうちから一つ選べ。 (2015 本試・日A)

　……江戸に乗りこんだ ア と幕府との間で通商条約が調印されたのは，
1858（安政5）年のことである。幕府は朝廷にこの日米修好通商条約の承認
を求めていたが，天皇は条約締結を認めなかった。このように勅許を得ない
まま，当時の政局を主導した イ は，条約の調印にふみきったのである。

① **ア** ハリス　　**イ** 井伊直弼

② **ア** ハリス　　**イ** 堀田正睦

③ **ア** パークス　**イ** 井伊直弼

④ **ア** パークス　**イ** 堀田正睦

□ **問2** 日米修好通商条約について述べた文として正しいものを，次の①～④の
うちから一つ選べ。 (2015 本試・日A)

① 居留地での裁判権を，駐日領事には認めなかった。

② 神奈川開港ののち，箱館港が閉鎖されることが決められた。

③ 貿易開始にあたっては，関税を日本側が独自に定めた。

④ 江戸と大坂を開市とする条項が定められた。

□ **問3** 幕末の貿易に関して述べた次の文**X**・**Y**について，その正誤の組合せと
して正しいものを，下の①～④のうちから一つ選べ。 (2015 本試・日A)

X イギリスは，条約の締結でアメリカに遅れたが，日本の貿易相手国のう
ち最大の比重を占めた。

Y 日本と欧米との金銀の交換比率が異なるため，多くの金貨が日本に流入
した。

① **X** 正　　**Y** 正　　② **X** 正　　**Y** 誤

③ **X** 誤　　**Y** 正　　④ **X** 誤　　**Y** 誤

□ **問4** 幕末の長州藩と朝廷の動きに関して述べた次の文**a～d**について，正しいものの組合せを，下の①～④のうちから一つ選べ。 (2013 本試・日A)

a 長州藩は，下関で外国船を砲撃したが，四国連合艦隊の報復攻撃をうけた。

b 朝廷から江戸に派遣された岩倉具視が，改税約書の調印を幕府に迫った。

c 長州藩は，禁門の変で，対立する薩摩・会津藩などを京都から追放した。

d 八月十八日の政変で，三条実美らが失脚し，京都を退去した。

① **a・c**　　② **a・d**　　③ **b・c**　　④ **b・d**

□ **問5** 幕末の動乱にかかわる出来事に関して述べた次の文Ⅰ～Ⅲについて，古いものから年代順に正しく配列したものを，下の①～⑥のうちから一つ選べ。 (2020 追試)

Ⅰ 薩摩藩と長州藩との間で薩長同盟（連合）が成立した。

Ⅱ 幕府による第1次長州征討が始まった。

Ⅲ 徳川慶喜が大政奉還の上表を朝廷に提出した。

①　Ⅰ―Ⅱ―Ⅲ　　②　Ⅰ―Ⅲ―Ⅱ　　③　Ⅱ―Ⅰ―Ⅲ

④　Ⅱ―Ⅲ―Ⅰ　　⑤　Ⅲ―Ⅰ―Ⅱ　　⑥　Ⅲ―Ⅱ―Ⅰ

□ **問6** 攘夷論に関連して述べた文として正しいものを，次の①～④のうちから一つ選べ。 (2018 本試)

① 老中阿部正弘は，幕府の独断で日米和親条約を締結した。

② 孝明天皇の妹和宮が徳川慶喜に嫁いだことは，攘夷派を刺激した。

③ 大老井伊直弼は，坂下門外で水戸浪士らに暗殺された。

④ 幕府が攘夷実行を約束したことをうけ，長州藩は外国船を砲撃した。

□ **問7** 幕末期の民衆の動きに関して述べた次の文**X・Y**について，その正誤の組合せとして正しいものを，下の①～④のうちから一つ選べ。 (2017 本試)

X 各地で，世直しを求める大規模な一揆が発生した。

Y 「ええじゃないか」とよばれる民衆の乱舞が流行した。

① **X** 正　　**Y** 正　　② **X** 正　　**Y** 誤

③ **X** 誤　　**Y** 正　　④ **X** 誤　　**Y** 誤

□ **問8** 1853年のペリー来航に関連して，明子さんは，このできごとの前後関係を説明するために3枚のカードを作成した。次の**a〜d**の文のうち，**カード1**と**カード3**に入る文の組合せとして適当なものを，下の①〜④のうちから一つ選べ。

(2017 試行／改)

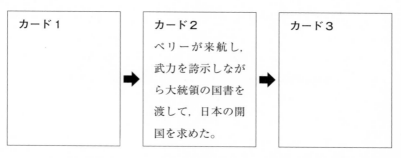

a アメリカはカリフォルニアまで領土を拡げ，太平洋を横断する貿易船や捕鯨船の安全に関心を持った。

b アメリカでは国内を二分した戦争が終わって統一が回復され，海外通商に関心が生じた。

c 瓦版や錦絵が多数出回り，民衆の間でもアメリカなど欧米への関心が高まった。

d 新たに開港場が設けられ，アメリカは日本にとって最大の貿易相手国となった。

① カード1—a カード3—c ② カード1—a カード3—d
③ カード1—b カード3—c ④ カード1—b カード3—d

□ **問9** 1858年の日米修好通商条約調印に関連して，太郎さんは，条約交渉における幕府の対応について調べた結果，**X・Y**の二つの異なる評価があることが分かった。**X・Y**の評価をそれぞれ根拠づける情報を**X**は**a・b**，**Y**は**c・d**から選ぶ場合，**評価**と**根拠**の組合せとして適当なものを，後の①〜④のうちから一つ選べ。

(2017 試行／改)

評価

X 幕府は西洋諸国との外交経験が不足しており，外国の威圧に屈して，外国の利益を優先した条約を結んだ。

Y 幕府は当時の日本の実情をもとに外交交渉を行い，合理的に判断し，主体的に条約を結んだ。

根拠

a のちに条約を改正することを可能とする条文が盛り込まれていた。

b 日本に税率の決定権がなく，両国が協議して決める協定関税制度を認めた。

c 外国人の居住と商業活動の範囲を制限する居留地を設けた。

d 日米和親条約に引き続き，日本は片務的最恵国待遇を認めた。

① X—a　　Y—c　　② X—a　　Y—d

③ X—b　　Y—c　　④ X—b　　Y—d

□ **問10**　明子さんと太郎さんは，なぜ江戸幕府が滅亡したのかを考えた。その結果，滅亡までの十数年間に，幕府が統治能力を失う重大なできごとがあり，それが幕府滅亡への画期（ターニングポイント）になったとの結論にいたった。明子さんは，1860年の桜田門外の変を画期ととらえた。太郎さんは，1866年の第二次長州征討（長州戦争）を画期ととらえた。あなたは，どちらの考えを支持するか。支持する**できごと**と**理由**を正しく組み合わせよ。**できごと**は次の①・②のうちから，**理由**は下の①〜④のうちから一つずつ選べ。

(2017 試行／改)

できごと

① 桜田門外の変　　② 第二次長州征討（長州戦争）

理由

① この事件の結果，流通機構が混乱し，幕府の市場統制力が弱まったから。

② この事件の結果，圧倒的な軍事力を背景とした幕府支配が困難となったから。

③ この事件の結果，幕府は朝廷への報告を行い，諸大名にも広く意見を述べさせたため，外交を専断できなくなったから。

④ この事件の結果，一部の幕閣による専制政治を進めてきた幕府が，強権で反対派を押さえられなくなったから。

17 明治時代1

□ **問1** 王政復古以後の政治・外交について述べた文として**誤っているもの**を，次の①～④のうちから一つ選べ。 (2013 本試・日A)

① 新政府は，箱館の五稜郭に立てこもった榎本武揚らを降伏させた。

② 新政府は，開国和親を基本とする外交方針を表明した。

③ 新政府は，徴兵令を公布し，薩長2藩の連合軍を創出した。

④ 新政府は，総裁・議定・参与の三職を置いて発足した。

□ **問2** 五箇条の誓文と政体書に関して述べた次の文**X・Y**について，その正誤の組合せとして正しいものを，下の①～④のうちから一つ選べ。 (2013 本試・日A)

X 五箇条の誓文により，公議世論を尊重する基本方針を確認した。

Y 政体書により，立法機関を廃止し，太政大臣に権力を集中させた。

① **X** 正　**Y** 正　　② **X** 正　**Y** 誤

③ **X** 誤　**Y** 正　　④ **X** 誤　**Y** 誤

□ **問3** 新政府の政策について述べた文として正しいものを，次の①～④のうちから一つ選べ。 (2014 本試・日A)

① 小御所会議で，藩を廃止して，新たに府と県を置くことが決定された。

② 五箇条の誓文を公布して，攘夷鎖国の方針を示した。

③ えた・非人とされていた人々が，布告により平民同様とされた。

④ 徴兵令により，奇兵隊などの軍制がととのえられた。

□ **問4** 大久保利通について述べた文として正しいものを，次の①～④のうちから一つ選べ。 (2017 本試)

① 幕末期に，木戸孝允とともに長州藩の中で実権を握った。

② 岩倉使節団を送り出したあとの国内政治を担当した。

③ 警察や地方行政などを管轄する内務省を設置した。

④ 西郷隆盛と大阪会議を開き，漸進的な国会開設方針を決めた。

□ **問5** 明治前期の財政・金融政策に関して述べた次の文**X**・**Y**について，その正誤の組合せとして正しいものを，下の①～④のうちから一つ選べ。

(2020 追試)

X 貨幣制度を整備・確立するため，円・銭・厘を通貨単位とする新貨条例を定めた。

Y 明治十四年の政変後，大蔵卿となった大隈重信が財政政策を担当した。

① **X** 正 **Y** 正 ② **X** 正 **Y** 誤

③ **X** 誤 **Y** 正 ④ **X** 誤 **Y** 誤

□ **問6** 東京師範学校に関して述べた次の文章について，空欄 ア イ に入る語句の組合せとして正しいものを，後の①～④のうちから一つ選べ。

(2023 本試)

師範学校は教員養成を目的とした学校で，最初に設けられたのは東京師範学校である。その設立年は， ア 学校を設置することを目指した「学制」の公布と同じである。師範学校の制度は，1886年に公布された師範学校令によって確立され，1947年に公布された イ によって六・三・三・四の新学制が発足する際に国立大学の教育学部などに再編された。

① **ア** 地方の実情を考慮して **イ** 教育令

② **ア** 地方の実情を考慮して **イ** 学校教育法

③ **ア** 全国画一的に **イ** 教育令

④ **ア** 全国画一的に **イ** 学校教育法

□ **問7** 明治期の政商や実業家に関して述べた文として**誤っているもの**を，次の①～③のうちから一つ選べ。

(2017 本試／改)

① 新政府から特権を得た住友は，三池炭鉱の払い下げをうけた。

② 岩崎弥太郎は，海運業に参入し，三菱財閥の基礎を築いた。

③ 古河市兵衛は，足尾銅山を取得して，鉱山業を営んだ。

□ **問8** 空欄 ア イ に入る語句の組合せとして正しいものを，下の①～④のうちから一つ選べ。 (2015 本試)

　明治初期にはいくつかの立法に関わる機関が設置されたが，……権限も政府の諮問に答える程度の限定されたものでしかなかった。そのような機関の一つに太政官制の下で設けられた ア がある。また，1875年には， イ にもとづき元老院が設置された。

① ア 枢密院　　イ 立志社建白
② ア 枢密院　　イ 漸次立憲政体樹立の詔
③ ア 左　院　　イ 立志社建白
④ ア 左　院　　イ 漸次立憲政体樹立の詔

□ **問9** 地租改正に関して述べた次の文a～dについて，正しいものの組合せを，下の①～④のうちから一つ選べ。 (2014 本試)

a 地租改正反対一揆がおこり，税率は3％から2.5％に引き下げられた。
b 課税の基準は，地価から収穫量に変更された。
c 所有権を証明できない入会地は，官有地に編入された。
d 納税方法が，金納から物納（米納）に変更された。

① a・c　　② a・d　　③ b・c　　④ b・d

□ **問10** 明治初期の宗教をめぐる政策に関して述べた次の文 **X・Y** について，その正誤の組合せとして正しいものを，下の①～④のうちから一つ選べ。

(2013 本試・日A)

X 明治政府は大教宣布の詔を出して，仏教を中心とした国民教化をめざした。
Y 明治政府は五榜の掲示を出して，キリスト教を解禁した。

① X 正　　Y 正　　② X 正　　Y 誤
③ X 誤　　Y 正　　④ X 誤　　Y 誤

□ **問11** 明治前期の財政・経済政策について述べた文として正しいものを，次の①～④のうちから一つ選べ。 (2013 本試・日A)

① 明治六年の政変後，政府は内務省を新設して，殖産興業政策を進めた。

② 政府が地租率を引き下げたので，各地で地租改正反対一揆が起こった。

③ 政府は，西南戦争の戦費調達のため兌換紙幣を乱発し，物価が高騰した。

④ 大蔵卿に就任した大隈重信は，徹底した歳出の削減と紙幣整理を行った。

□ **問12** 明治期の殖産興業政策に関して述べた文として正しいものを，次の①～④のうちから一つ選べ。 （2017 本試・日A）

① 工部省を設立し，官営事業を推進した。

② 日本銀行は不換紙幣を発行し，殖産興業の財源とした。

③ 重工業を促進するため，産業組合を組織した。

④ 工場法を制定し，工場設立を推奨した。

□ **問13** 空欄 ア イ に入る語句の組合せとして正しいものを，下の①～④のうちから一つ選べ。 （2016 本試・日A）

…明治初期に ア が流行したように，肉食はしだいに一般的になっていく。…馬車は，煉瓦造の洋館や イ などとならぶ文明開化の象徴として，当時の錦絵などに多く描かれた。

① **ア** 牛鍋 **イ** デパート ② **ア** 牛鍋 **イ** ガス灯

③ **ア** トンカツ **イ** デパート ④ **ア** トンカツ **イ** ガス灯

□ **問14** 19世紀後半の琉球・沖縄に関して述べた次の文a～dについて，正しいものの組合せを，下の①～④のうちから一つ選べ。 （2013 本試）

a ペリーを司令長官としたアメリカの艦隊が，琉球を経て浦賀に来航した。

b 日清修好条規によって琉球が日本に帰属することになり，明治政府は琉球藩を設置した。

c 明治政府は軍隊を派遣して，琉球藩の廃止と沖縄県の設置を強行した。

d 衆議院議員選挙法が公布されると，翌年，沖縄県や北海道でも第1回衆議院議員選挙が行われた。

① **a・c** ② **a・d** ③ **b・c** ④ **b・d**

18 明治時代2

□ **問1** 空欄 ア イ に入る語句の組合せとして正しいものを，下の
①〜④のうちから一つ選べ。 (2010 本試)

　　政府は西南戦争の際に戦費を補うため， ア 紙幣を乱発した。また，
国立銀行の発行する ア 銀行券も急速に流通した。この結果，紙幣の価
値が下落し，日本の経済は激しい イ に直面した。

① ア 兌換　イ デフレーション
② ア 兌換　イ インフレーション
③ ア 不換　イ デフレーション
④ ア 不換　イ インフレーション

□ **問2** 明治時代の制度改革に関して述べた次の文Ⅰ〜Ⅲについて，古いものか
ら年代順に正しく配列したものを，下の①〜⑥のうちから一つ選べ。

(2016 本試)

Ⅰ 太政官制が廃され，内閣制度が定められた。
Ⅱ 天皇の最高諮問機関として枢密院が設置された。
Ⅲ 欽定憲法として大日本帝国憲法が発布された。

① Ⅰ—Ⅱ—Ⅲ　② Ⅰ—Ⅲ—Ⅱ　③ Ⅱ—Ⅰ—Ⅲ
④ Ⅱ—Ⅲ—Ⅰ　⑤ Ⅲ—Ⅰ—Ⅱ　⑥ Ⅲ—Ⅱ—Ⅰ

□ **問3** 明治期の条約改正に関して述べた次の文Ⅰ〜Ⅲについて，古いものから
年代順に正しく配列したものを，下の①〜⑥のうちから一つ選べ。

(2017 本試・日A)

Ⅰ 寺島宗則は，関税自主権の回復をめざして交渉したが，イギリスなどの
反対で失敗した。
Ⅱ 青木周蔵は，治外法権の撤廃と関税自主権の一部回復をめざして交渉し
たが，大津事件で辞職した。
Ⅲ 大隈重信は，外国人判事を大審院に任用することを認める改正案を進め
たが，爆弾テロで負傷し辞職した。

①　Ⅰ—Ⅱ—Ⅲ　　②　Ⅰ—Ⅲ—Ⅱ　　③　Ⅱ—Ⅰ—Ⅲ

④　Ⅱ—Ⅲ—Ⅰ　　⑤　Ⅲ—Ⅰ—Ⅱ　　⑥　Ⅲ—Ⅱ—Ⅰ

□ 問4　帝国議会に関して述べた文として正しいものを，次の①〜④のうちから

一つ選べ。（2020 追試）

①　第一議会では，民力休養を掲げる民党が衆議院の多数を占めた。

②　第一議会において，大日本帝国憲法案が可決された。

③　帝国議会は，枢密院・貴族院・衆議院の三院からなる。

④　第一議会において，政府と民党が対立し，予算は不成立となった。

問5　次の資料と会話文を読み，次ページの(1)・(2)に答えよ。（2017 試行）

明治時代に作られたすごろく

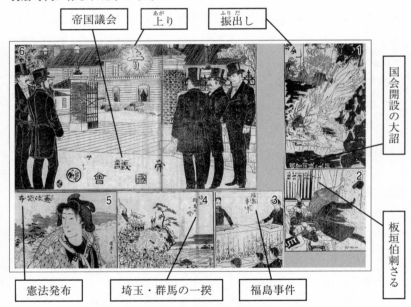

（歴史学研究会編『日本史史料4　近代』より）

［班学習での会話］

太　郎：これ，昔のすごろくだって。面白そうだ。

明　子：振り出しは，「国会開設の大詔」から始まっている。

武　史：「埼玉・群馬の一揆」は，自由民権運動が激化した様子を描いている。
　　　　そして「憲法発布」にいたる。

太　郎：上がりは「帝国議会」で，各コマはそれぞれ年代順に描かれている。
　　　　だからこのすごろくは　　ア　　が主題になっているのだろうね。

武　史：ところで，衆議院の議員はどう選ばれていたのだろうか。初期の議
　　　　会では，わずかな人しか選挙権を持っていなかったらしい。でも
　　　　ⓐ次第に選挙権を有する人たちが多くなっていったんだね。どのぐ
　　　　らいの人が選挙権を持っていたのだろうか。

太　郎：そういえば，最近では選挙年齢が18歳に引き下げられたよ。

□(1)　会話文中の空欄　　ア　　に入る語句として最も適当なものを，次の①〜
　　④のうちから一つ選べ。

　　　①　資本主義が確立する過程　　②　帝国主義が確立する過程

　　　③　立憲政治が成立する過程　　④　政党政治が成立する過程

□(2)　下線部ⓐに関連して，太郎さん・明子さん・武史さんの3人がこのこと
　　を証明するために今後調べるべきことがらとして適当でないものを，次の
　　①〜④のうちから一つ選べ。

　　　①　選挙後の政党の勢力分布が分かるので，第1回帝国議会の議場と議
　　　　員の様子が描かれている絵画資料を調べる。

　　　②　議論の内容から社会的な背景が分かるので，選挙法の改正を審議し
　　　　ている議会の議事録を調べる。

　　　③　納税資格と選挙権を持つ人の増減の関係が分かるので，選挙資格を
　　　　持つ納税者の推移を調べる。

　　　④　どのような人々に投票を呼びかけているかが分かるので，衆議院選
　　　　挙で使われたポスターを調べる。

19 明治時代3

□ **問1** 明治期における政府と政党との関係について述べた文として正しいものを，次の①～④のうちから一つ選べ。 (2016 本試・日A)

   ① 大隈重信は明治六年の政変で下野したのち，立憲改進党を結成した。

   ② 自由党は日清戦争後も一貫して政府と対立し，軍備拡張予算に反対した。

   ③ 政府が提出した地租増徴案に反対して，自由党と進歩党が立憲政友会を結成した。

   ④ 日本社会党が結成されると，政府はこれをいったん認めたが，解散を命じた。

□ **問2** 甲申事変に関して述べた文として**誤っているもの**を，次の①～④のうちから一つ選べ。 (2009 本試・日A)

   ① 金玉均ら朝鮮の開化派（独立党）が日本の支援を得てクーデタを起こした。

   ② 清国軍がクーデタ鎮圧に動き，日清間の対立が深まった。

   ③ この事変の結果，清国は朝鮮が独立国であることを公式に認めた。

   ④ この事変ののち，福沢諭吉は「脱亜論」を主張した。

□ **問3** 第1次桂太郎内閣に関して述べた次の文**X・Y**について，その正誤の組合せとして正しいものを，下の①～④のうちから一つ選べ。 (2015 本試・日A)

X この内閣が組織されると，「憲政擁護，閥族打破」を訴える運動が起こった。

Y 軍部大臣現役武官制を改正し，退役した大将・中将にまで軍部大臣の任用範囲を拡大した。

   ① **X** 正   **Y** 正   ② **X** 正   **Y** 誤

   ③ **X** 誤   **Y** 正   ④ **X** 誤   **Y** 誤

□ **問4** 桂太郎と西園寺公望の桂園時代の期間に起こった出来事に関して述べた次の文Ⅰ〜Ⅲについて，古いものから年代順に正しく配列したものを，下の①〜⑥のうちから一つ選べ。

(2009本試)

Ⅰ 政府は，韓国に併合条約を結ばせ植民地とした。

Ⅱ キリスト教徒の内村鑑三が，『万朝報』で非戦論の論陣をはった。

Ⅲ 講和条件に不満を募らせた民衆が，日比谷焼き打ち事件を起こした。

　① Ⅰ—Ⅱ—Ⅲ　　② Ⅰ—Ⅲ—Ⅱ　　③ Ⅱ—Ⅰ—Ⅲ

　④ Ⅱ—Ⅲ—Ⅰ　　⑤ Ⅲ—Ⅰ—Ⅱ　　⑥ Ⅲ—Ⅱ—Ⅰ

□ **問5** 日露戦争後の日本人の意識の変化の捉え方について調べた結果，次の**甲・乙**の二つがあることが分かった。**甲・乙**とそれぞれの根拠として考えられる歴史的な出来事**ア〜エ**の組合せとして最も適当なものを，下の①〜④のうちから一つ選べ。

(2018試行／改)

甲 戦争に勝利して，明治維新以来の課題が克服され，日本も近代的な国家になったという意識が大きくなった。

乙 莫大な対外債務を背負い，重税にあえいでいる民衆は，戦争の成果に満足せず，政治への批判的意識が高まった。

ア 農村では旧暦も併用されるなど，従来と変わらない生活が続いていた。

イ 八幡製鉄所の経営が安定し，造船技術が世界的水準となるなど重工業が発達した。

ウ 戊申詔書を発布して，国民に勤労と倹約を奨励し，国民道徳の強化に努めた。

エ 新聞・雑誌などが激しく政府を批判したので，新聞紙条例を発布して取り締まった。

　① 甲—ア　　乙—ウ　　② 甲—ア　　乙—エ

　③ 甲—イ　　乙—ウ　　④ 甲—イ　　乙—エ

□ **問6** 日清・日露戦争の前後の時期における日本の外交に関して述べた後の文Ⅰ〜Ⅲについて，古いものから年代順に正しく配列したものを，後の①〜⑥のうちから一つ選べ。

(2014本試・日A／改)

I　ロシアと4次にわたる協約を結び，満洲など極東における権益を相互に承認した。

II　第1次桂太郎内閣の時，ロシアの勢力拡大を警戒するイギリスと同盟を結んだ。

III　天津条約を結び，日清両軍が出兵する際には通知しあうことを取り決めた。

①　I―II―III　　②　I―III―II　　③　II―I―III

④　II―III―I　　⑤　III―I―II　　⑥　III―II―I

□ **問7**　日本とロシアの国境に関して述べた次の文I〜IIIについて，古いものから年代順に正しく配列したものを，下の①〜⑥のうちから一つ選べ。

(2009 本試・日A)

I　千島全島を日本領とし，占守島とカムチャツカ半島との間を国境とした。

II　樺太（サハリン）のほぼ中央の北緯50度を国境とした。

III　択捉島と得撫島との間を国境とした。

①　I―II―III　　②　I―III―II　　③　II―I―III

④　II―III―I　　⑤　III―I―II　　⑥　III―II―I

□ **問8**　近代の日本と諸外国との関係に関して述べた次の文**X・Y**について，その正誤の組合せとして正しいものを，下の①〜④のうちから一つ選べ。

(2012 本試・日A)

X　第一次世界大戦が始まると，日本は，イギリスが清国から租借していた香港を攻撃した。

Y　桂-タフト協定により，日本はイギリスのインド権益を認め，イギリスは日本の朝鮮権益を認めた。

①　**X** 正　　**Y** 正　　②　**X** 正　　**Y** 誤

③　**X** 誤　　**Y** 正　　④　**X** 誤　　**Y** 誤

20 明治時代4

□ **問1** 明治期の社会運動・社会政策に関して述べた次の文**X**・**Y**について，その正誤の組合せとして正しいものを，下の①〜④のうちから一つ選べ。

（2013 本試・日A）

X 幸徳秋水・片山潜らによって結成された社会民主党は，大逆事件を理由に解散させられた。

Y 日本最初の労働者保護立法として工場法が制定されたが，14人以下の工場には適用されないなど不徹底な内容だった。

① **X** 正 **Y** 正 ② **X** 正 **Y** 誤
③ **X** 誤 **Y** 正 ④ **X** 誤 **Y** 誤

□ **問2** 明治期の教育政策に関して述べた次の文**a**〜**d**について，正しいものの組合せを，下の①〜④のうちから一つ選べ。

（2013 本試・日A）

a 政府は，教育令を改正して，国家による統制を緩和した。

b 学校令では，大学は国家に必要な人材を養成する機関とされた。

c 1903年に，小学校の教科書を国定制から検定制とすることが決定された。

d 日露戦後の1907年，義務教育は4年から6年に延長されることになった。

① **a・c** ② **a・d** ③ **b・c** ④ **b・d**

□ **問3** 発表に備えてAさんは夏目漱石について調べた。この人物の説明として最も適当なものを，次の①〜④のうちから一つ選べ。

（2018 試行／改）

① 民権論や国権論の高まりの中で，政治小説を著述した。
② 近代化が進む中で，知識人の内面を国家・社会との関係で捉えた。
③ 都会的感覚と西洋的教養をもとに，人道主義的な文学を確立した。
④ 社会主義運動の高揚に伴って，階級理論に基づいた作品を残した。

□ **問4** 東京帝国大学（現在の東京大学）やその前身の学校の教員をつとめた人物に関して述べた後の文**X**・**Y**と，それに該当する人名**a**〜**d**との組合せとして正しいものを，後の①〜④のうちから一つ選べ。

（2017 本試・日A）

X　ドイツ人医師で，医学を教えた。

Y　物理学者で，原子模型理論を発表した。

a　ベルツ　　　**b**　モース　　　**c**　長岡半太郎　　　**d**　本多光太郎

① **X―a**　　**Y―c**　　② **X―a**　　**Y―d**

③ **X―b**　　**Y―c**　　④ **X―b**　　**Y―d**

問5　次の表は，1885年から1930年までの鉄道（国鉄・民営鉄道）の旅客輸送と営業距離の推移を表したものである。**表**に関して述べた文として**誤っている**ものを，後の①～④のうちから一つ選べ。(2022 本試)

表

	旅客輸送（千人）		営業距離（km）	
年	国鉄	民営鉄道	国鉄	民営鉄道
1885	2,637	1,409	360	217
1890	11,265	11,411	984	1,365
1900	31,938	81,766	1,626	4,674
1910	138,630	25,909	7,838	823
1920	405,820	116,007	10,436	3,172
1930	824,153	428,371	14,575	6,902

（近代日本輸送史研究会編『近代日本輸送史』により作成）

①　1890年に民営鉄道の旅客輸送と営業距離が，国鉄の旅客輸送と営業距離を追い越した主な要因として，官営事業の払下げを受けた日本鉄道会社が設立されたことが挙げられる。

②　1900年から1910年にかけて，国鉄の旅客輸送と営業距離が増加する一方，民営鉄道の旅客輸送と営業距離が減少した要因として，鉄道の国有化政策が挙げられる。

③　1910年から1930年にかけて，民営鉄道の旅客輸送が増加した要因として，大都市と郊外を結ぶ鉄道の発達や沿線開発の進展が挙げられる。

④　1920年から1930年にかけて，国鉄の営業距離が増加したきっかけの一つとして，立憲政友会内閣による鉄道の拡大政策が挙げられる。

□ **問6** 明治期の社会・言論・文芸に関して述べた文として**誤っているもの**を，次の①〜④のうちから一つ選べ。　(2014 本試)

① 中江兆民が，ルソーの『社会契約論』を翻訳して紹介した。

② 安部磯雄や木下尚江らは，日本初の社会主義政党である社会大衆党を結成した。

③ 労働運動の高まりに対し，政府は治安警察法を公布して取り締まった。

④ 人間社会のありのままの姿を描写しようとする自然主義の作家が，文壇で活躍した。

□ **問7** ドイツ人医学者コッホの細菌学を受け継いだ人物について述べた次の文 **X・Y** と，それに該当する人物名 **a〜d** との組合せとして正しいものを，後の①〜④のうちから一つ選べ。　(2016 本試)

X 伝染病研究所を設立し，ペスト菌の発見や破傷風の血清療法の確立などの功績を残した。

Y 伝染病研究所において赤痢菌を発見した。

a 北里柴三郎　　**b** 野口英世　　**c** 長岡半太郎　　**d** 志賀潔

① X—a　　Y—c　　② X—a　　Y—d

③ X—b　　Y—c　　④ X—b　　Y—d

21 大正時代

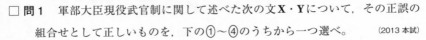

□ **問1** 軍部大臣現役武官制に関して述べた次の文**X**・**Y**について，その正誤の組合せとして正しいものを，下の①～④のうちから一つ選べ。 （2013 本試）

X この制度は，政党の影響力が軍部におよぶことを阻む政策の一環として，第2次山県有朋内閣により制定された。

Y この制度は，米騒動直後に成立した政党内閣によって改正され，現役以外の大将・中将からも大臣の任用が可能になった。

① **X** 正　　**Y** 正　　② **X** 正　　**Y** 誤

③ **X** 誤　　**Y** 正　　④ **X** 誤　　**Y** 誤

□ **問2** 1920年当時の内閣について述べた文として正しいものを，次の①～④のうちから一つ選べ。 （2015 本試・日A）

① 鉄道の拡張などの積極政策や小選挙区制導入により，総選挙で圧勝した。

② ロシア革命への干渉に乗り出し，シベリア出兵を開始した。

③ 貴族院や官僚の勢力を背景にして，超然主義の立場を明らかにした。

④ 海軍高官らの汚職事件への国民の批判が高まり，退陣を余儀なくされた。

□ **問3** 第一次世界大戦後の日本の政治・社会に関して述べた次の文**a**～**d**について，正しいものの組合せを，下の①～④のうちから一つ選べ。

（2015 本試・日A／改）

a ワシントン海軍軍備制限条約の調印に反対して，海軍大臣が辞任した。

b 護憲三派内閣成立後の8年間は，二大政党による政党内閣が続いた。

c 小作争議が頻発し，全国的な農民組織である日本農民組合が結成された。

d 労働組合期成会が結成され，鉄工組合などの労働組合が組織された。

① **a・c**　　② **a・d**　　③ **b・c**　　④ **b・d**

□ **問4**　普選運動の広がりに関して述べた次の文Ⅰ～Ⅲについて，古いものから年代順に正しく配列したものを，下の①～⑥のうちから一つ選べ。(2009 本試)

　Ⅰ　日本初の社会主義政党が結成され，普通選挙の実現をかかげた。

　Ⅱ　第二次護憲運動が展開された。

　Ⅲ　選挙権の納税資格が直接国税3円以上に引き下げられた。

　　①　Ⅰ―Ⅱ―Ⅲ　　　②　Ⅰ―Ⅲ―Ⅱ　　　③　Ⅱ―Ⅰ―Ⅲ

　　④　Ⅱ―Ⅲ―Ⅰ　　　⑤　Ⅲ―Ⅰ―Ⅱ　　　⑥　Ⅲ―Ⅱ―Ⅰ

□ **問5**　1925年の普通選挙法に関して述べた次の文**X・Y**について，その正誤の組合せとして正しいものを，下の①～④のうちから一つ選べ。(2016 本試・日Ａ)

　X　「平民宰相」とよばれた原敬は普通選挙制の導入に積極的であったが，東京駅で暗殺された。

　Y　この選挙法のもとで，25歳以上の男性には納税額にかかわりなく選挙権が認められた。

　　①　**X**　正　　**Y**　正　　②　**X**　正　　**Y**　誤

　　③　**X**　誤　　**Y**　正　　④　**X**　誤　　**Y**　誤

□ **問6**　「憲政の常道」を説明した文として正しいものを，次の①～④のうちから一つ選べ。(2005 本試)

　　①　憲法の規定により，衆議院で多数の議席を占める政党が内閣を組織する。

　　②　慣例として，衆議院で多数の議席を占める政党が内閣を組織する。

　　③　憲法の規定により，元老が次の首相を推薦する。

　　④　慣例として，貴族院で多数の議席を占める政党が内閣を組織する。

□ **問7**　「第一次世界大戦にともなう好景気」に関連して述べた文として**誤っているもの**を，次の①～④のうちから一つ選べ。(2020 本試)

　　①　物価の急騰が賃金の上昇を上回り，労働者の生活を圧迫した。

　　②　債務国だった日本は，これを機に債権国になった。

　　③　造船業など重化学工業が拡大する一方で，繊維産業は衰退した。

　　④　輸入超過であったそれまでの貿易収支は，一転して輸出超過となった。

□ **問8** 1920年代の国際連盟や外交条約に関して述べた文として正しいものを，次の①～④のうちから一つ選べ。 (2016 本試／改)

① 日本はアメリカ，イギリス，ロシアとともに国際連盟の常任理事国となった。

② アメリカの呼びかけに応じ，加藤友三郎内閣はワシントン会議への参加を決めた。

③ 四カ国条約では，中国の主権尊重や各国の経済上の機会均等などが取り決められた。

④ 不戦条約（ブリアン・ケロッグ協定）では，国家の政策の手段としての戦争を放棄することが宣言された。

□ **問9** 第一次世界大戦の直前には，米の関税の維持か廃止かをめぐって議論が生じていた。米の関税維持・廃止の**支持層X・Y**と，それぞれの支持の**理由a～d**との組合せとして最も適当なものを，下の①～④のうちから一つ選べ。 (2021 第2日程)

支持層

X 米の関税維持を支持する層。例えば，農地を所有し小作米を収入源とする地主。

Y 米の関税廃止を支持する層。例えば，賃金を支払って，労働者を雇用する資本家。

理由

a 国内の米価の安定を望んでいるから。

b 国内の米価の低下を望んでいるから。

c 消費者の生活費の低下を望んでいるから。

d 消費者の生活費の上昇を望んでいるから。

① X—a　Y—c　② X—a　Y—d

③ X—b　Y—c　④ X—b　Y—d

□ **問10** 大正から昭和初期の社会運動やそれへの対応について述べた文として正しいものを，次の①～④のうちから一つ選べ。 (2015 本試)

① 日本初のメーデーは，集会条例により中止させられた。

② 頻発する小作争議を取り締まるため，戒厳令が発せられた。

③ 関東大震災の混乱のなかで，無政府主義者の北一輝が憲兵に殺害された。

④ 思想取締りのため，特別高等警察（特高）が全国に設置された。

□ **問11** 20世紀以降の日本の対外関係のなかで，鉄道に関わる諸政策・事件を説明した次の文Ⅰ～Ⅲについて，古いものから年代順に正しく配列したものを，後の①～⑥のうちから一つ選べ。 (2022 本試／改)

Ⅰ 奉天郊外において，張作霖が乗っていた列車が爆破された。

Ⅱ 南満洲鉄道株式会社が設立された。

Ⅲ 段祺瑞政権に対して，鉄道建設にも関わる巨額の経済借款を与えた。

① Ⅰ―Ⅱ―Ⅲ   ② Ⅰ―Ⅲ―Ⅱ   ③ Ⅱ―Ⅰ―Ⅲ

④ Ⅱ―Ⅲ―Ⅰ   ⑤ Ⅲ―Ⅰ―Ⅱ   ⑥ Ⅲ―Ⅱ―Ⅰ

□ **問12** 1910～30年代の労働者にかかわる組織に関して述べた次の文Ⅰ～Ⅲについて，古いものから年代順に正しく配列したものを，下の①～⑥のうちから一つ選べ。 (2016 本試・日A)

Ⅰ 労働者の地位向上と労資協調をとなえた友愛会が結成された。

Ⅱ 日本労働総同盟は，産業別の編成をとり，頻発する労働争議を指導した。

Ⅲ 職場ごとに，労資一体の産業報国会が結成された。

① Ⅰ―Ⅱ―Ⅲ   ② Ⅰ―Ⅲ―Ⅱ   ③ Ⅱ―Ⅰ―Ⅲ

④ Ⅱ―Ⅲ―Ⅰ   ⑤ Ⅲ―Ⅰ―Ⅱ   ⑥ Ⅲ―Ⅱ―Ⅰ

□ **問13** 1920年代の都市化の状況に関して述べた文として**誤っているもの**を，次の①～④のうちから一つ選べ。 (2020 本試・日A)

① 東京で地下鉄が開通した。

② 伝統的な和式に徹し，洋式を排した文化住宅が建設された。

③ 鉄筋コンクリート造りの建物が増加した。

④ バス（乗合自動車）やタクシーが普及した。

問14 Bさんの発表を読み，下の(1)・(2)に答えよ。 (2018 試行／改)

Bさんの発表

　私は，大正から昭和初期にかけての文化の大衆化を大きな転換点と考えました。その理由は，文化の大衆化が，今日の政治思想につながる吉野作造が唱えた民本主義を人々に広め，いわゆる「憲政の常道」を支える基盤を作ったと考えたからです。この時期に　**X**　ことを背景にして，新聞や総合雑誌の発行部数の急激な増加，円本の発刊など，マスメディアが発達し，社会運動が広がることに結び付くと考えました。

□(1)　Bさんの発表の空欄　**X**　に入る文として最も適当なものを，次の①〜④のうちから一つ選べ。

①　小学校教育の普及が図られ，就学率が徐々に上昇した

②　啓蒙思想の影響で欧化主義などの傾向が現れた

③　洋装やカレーライスなどの洋風生活が普及した

④　中等教育が普及し，高等教育機関が拡充された

□(2)　Bさんの発表に対して，下線部を転換の理由とすることに疑問が出された。そこでBさんがさらに調べたところ，吉野の理論について，現在の日本国憲法の基本原理と比較すると時代的な限界があることが分かった。その時代的な限界を示す吉野の言葉の要約を，次の①〜④のうちから一つ選べ。

①　民本主義は，国民主権を意味する民主主義とは異なるものである。

②　民本主義は，日本語としては極めて新しい用例である。

③　民本主義は，政権運用の方針の決定が民衆の意向によるということである。

④　民本主義は，民衆の利益や幸福を求めるものである。

22 昭和時代戦前1

□ **問1** 普通選挙制による最初の総選挙を実施した内閣に関して述べた次の文**a**
〜**d**について，正しいものの組合せを，下の①〜④のうちから一つ選べ。

(2014 本試)

a この内閣は，治安維持法を改正して，最高刑を死刑とした。

b この内閣は，社会運動を取り締まるため，全国に警察予備隊を設置した。

c この選挙では，無産政党が議席を獲得した。

d この選挙では，20歳以上の男子に選挙権が付与されていた。

① **a・c**　② **a・d**　③ **b・c**　④ **b・d**

□ **問2** 満洲事変前後の出来事に関して述べた次の文Ⅰ〜Ⅲについて，古いもの
から年代順に正しく配列したものを，下の①〜⑥のうちから一つ選べ。

(2016 本試／改)

Ⅰ 犬養毅首相が海軍将校らに殺害された。

Ⅱ 日中両軍の間で塘沽停戦協定が結ばれた。

Ⅲ 金輸出を解禁し，金本位制に復帰した。

① Ⅰ—Ⅱ—Ⅲ　② Ⅰ—Ⅲ—Ⅱ　③ Ⅱ—Ⅰ—Ⅲ

④ Ⅱ—Ⅲ—Ⅰ　⑤ Ⅲ—Ⅰ—Ⅱ　⑥ Ⅲ—Ⅱ—Ⅰ

□ **問3** 第一次世界大戦後の日本経済について述べた文として正しいものを，次
の①〜④のうちから一つ選べ。 (2014 本試)

① 金融恐慌に際して，モラトリアム（支払猶予令）が発せられたが，恐
慌は鎮静化しなかった。

② 鈴木商店が経営破綻し，これに巨額の融資を行っていた台湾銀行が経
営危機におちいった。

③ 首相の失言をきっかけに，銀行への取付け騒ぎがおこり，昭和恐慌が
はじまった。

④ 浜口雄幸内閣が断行した金解禁の結果,輸出が増大して景気が回復した。

□ **問4** 空欄 **ア** **イ** に入る語句の組合せとして正しいものを，下の
①～④のうちから一つ選べ。 (2015 本試)

　　……1920年に発生した **ア** を境に日本経済が慢性的な不況局面に入る
と，経営破綻や業務縮小に追い込まれる商社があいつぎ，鈴木商店も 1927
年に倒産した。……1932年には三井財閥幹部の団琢磨が **イ** に暗殺され
る事件も生じた。

① **ア** 金融恐慌　**イ** 海軍青年将校

② **ア** 金融恐慌　**イ** 血盟団員

③ **ア** 戦後恐慌　**イ** 海軍青年将校

④ **ア** 戦後恐慌　**イ** 血盟団員

□ **問5** 1930年代の日本経済に関して述べた次の文**a**～**d**について，正しいもの
の組合せを，下の①～④のうちから一つ選べ。 (2015 本試・日 A)

a 高橋是清蔵相が金輸出再禁止を断行し，日本は管理通貨制度へ移行した。

b 国家総動員法により，労働力の軍需動員には議会の承認が必要となった。

c 農村などの自力更生をはかる農山漁村経済更生運動が進められた。

d 重要産業統制法が制定され，カルテルの結成が禁止された。

① **a・c**　② **a・d**　③ **b・c**　④ **b・d**

□ **問6** 1930年代の経済状況や経済政策に関して述べた次の文**a**～**d**について，
正しいものの組合せを，下の①～④のうちから一つ選べ。 (2013 本試・日 A)

a 昭和恐慌によって困窮した農家から欠食児童や女子の身売りが続出して，
深刻な社会問題となった。

b 昭和恐慌による急激なインフレーションを抑制するため，政府は経済安
定九原則を発表した。

c 政府は，国家総動員法にもとづいて価格等統制令を公布して公定価格を
定め，経済統制を強化した。

d 政府は，日中戦争における占領地の経済開発のため，日本の紡績企業に
在華紡とよばれる国策会社を設立させた。

① **a・c**　② **a・d**　③ **b・c**　④ **b・d**

□ **問7**　満洲と朝鮮への修学旅行に関連して，次の**表**は大阪府女子師範学校が，1938年5月に実施した修学旅行の行程の一部を示したものである。この旅行の訪問地の説明として正しいものを，後の①〜④のうちから一つ選べ。

（2023本試／改）

表　大阪府女子師範学校の修学旅行の行程表（1938年5月）

訪問日	訪問地	おもな訪問先
14〜15日	釜山・京城	朝鮮神宮・総督府・パゴダ（タプコル）公園
16日	平壌	平壌神社・博物館・朝鮮住宅
17〜18日	奉天・撫順	鴨緑江・炭鉱・工場
19〜21日	新京・ハルビン	新京神社・関東軍司令部・日本人小学校
22日	奉天	奉天神社・北大営・奉天城
23〜25日	大連・旅順	満鉄本社・露天市場・大連神社

（奈良県立図書情報館「子どもたちが見た満州」により作成）

① 14〜15日に滞在した都市にある総督府の初代総督は桂太郎である。

② 17〜18日の訪問地で神社を訪れていないのは，外国である満洲国に神社がなかったからである。

③ 日中戦争のきっかけとなる衝突は22日の訪問地の郊外で起きた。

④ 関東都督府は23〜25日の訪問地の一つにかつて設置されていた。

□ **問8**　炭鉱労働者に関連して，次の**表**と**史料**に関して述べた後の文**a〜d**について，正しいものの組合せを，後の①〜④のうちから一つ選べ。（2023本試／改）

表　炭鉱労働者の出身地別・勤続年数別の比率（小数点以下は四捨五入）

炭　鉱	他府県出身比率（%）	勤続年数別比率（%）			
		1年未満	2年未満	3年未満	3年以上
A	49	61	29	8	3
B	35	64	23	6	8
C	48	55	21	12	12
D	63	56	19	10	15
E	51	36	28	18	17
F	56	48	17	14	21

（農商務省鉱山局編『鉱夫待遇事例』により作成）

史料　炭鉱における家族労働

亭主は一足先に入坑し切羽(注1)に挑んでおる。女房は（家事の）あと始末をして，いとけない十才未満の伜に幼児をおわせ，四人分の弁当（中略）担げて(注2)ワレも滑らず，うしろも転ばぬ様に気を配りつつさがり行く。此の場合大人がおんぶすれば安全だが何分坑道が低く，幼児が頭を打ちつける，他人に幼児を預けると十銭（中略）いるから大変，よって学校は間欠(注3)長欠になるわけであった。

（山本作兵衛「入坑（母子）」©Yamamoto Family）

(注1)　切羽：掘り進めている坑道の先端。切場。

(注2)　担げて：肩にのせて。かついで。　　(注3)　間欠：一定の期間休むこと。

a　表によると，いずれの炭鉱においても労働者の3分の2以上が勤続年数3年未満であり，1年未満が最も多かった。

b　表によると，他府県出身の労働者が多ければ多いほど，勤続年数が短くなる傾向があった。

c　史料によると，炭鉱内に女性は入ることができず，炭坑労働者の妻は夫の弁当を男の子に届けさせなければならなかった。

d　史料によると，子供の教育よりも家計を優先する炭鉱労働者がいたことが分かる。

① **a・c**　　② **a・d**　　③ **b・c**　　④ **b・d**

23 昭和時代戦前2

□ **問1** 日中戦争勃発前後の政治・文学に関して述べた次の文**a**〜**d**について，正しいものの組合せを，下の①〜④のうちから一つ選べ。 (2015 本試)

 a 第1次近衛文麿内閣は，中国に宣戦布告し，全面戦争への決意を示した。

 b 北京郊外で起こった日中両軍の衝突は，その後上海などへも波及した。

 c 報道への検閲は厳しかったが，小説は検閲の対象外だった。

 d 政府の弾圧により，プロレタリア文学者が転向を迫られた。

 ① **a・c** ② **a・d** ③ **b・c** ④ **b・d**

□ **問2** 国家総動員法に関して述べた次の文**X・Y**と，それに該当する語句**a**〜**d**との組合せとして正しいものを，下の①〜④のうちから一つ選べ。

(2016 本試・日A)

 X この政府機関は，軍需品を優先的に生産させる物資動員計画を作成した。

 Y この法令は，インフレーション対策として，国家総動員法にもとづき公布された。

 a 内閣情報局（情報局）   **b** 企画院

 c 金融緊急措置令   **d** 価格等統制令

 ① **X—a** **Y—c** ② **X—a** **Y—d**

 ③ **X—b** **Y—c** ④ **X—b** **Y—d**

□ **問3** 日中戦争に関して述べた次の文**a**〜**d**について，正しいものの組合せを，下の①〜④のうちから一つ選べ。 (2016 本試)

 a 日中戦争は「大東亜共栄圏の建設」を目的として開始された。

 b 近衛首相による「国民政府を対手とせず」との声明は，同政府との交渉による和平の道を閉ざした。

 c 「挙国一致」をスローガンに，国民の戦意高揚と戦争協力を促す運動が行われていた。

 d 日中戦争勃発後，ただちにアメリカは石油の対日輸出を禁じた。

 ① **a・c** ② **a・d** ③ **b・c** ④ **b・d**

□ **問4** 日中戦争から対英米開戦までの日本の対外政策に関して述べた次の文Ⅰ
～Ⅲについて，古いものから年代順に正しく配列したものを，下の①～⑥の
うちから一つ選べ。 (2014 本試・日A)

Ⅰ　当時の内閣が，「国民政府を対手（あいて）とせず」との声明を出した。

Ⅱ　北方からの脅威を除くためソ連と中立条約を結んだ。

Ⅲ　ドイツ・イタリアと三国同盟（三国軍事同盟）を結んだ。

①　Ⅰ—Ⅱ—Ⅲ　　②　Ⅰ—Ⅲ—Ⅱ　　③　Ⅱ—Ⅰ—Ⅲ

④　Ⅱ—Ⅲ—Ⅰ　　⑤　Ⅲ—Ⅰ—Ⅱ　　⑥　Ⅲ—Ⅱ—Ⅰ

□ **問5** 戦時における日本軍の行動に関して述べた次の文Ⅰ～Ⅲについて，古い
ものから年代順に正しく配列したものを，下の①～⑥のうちから一つ選べ。
(2016 本試・日A／改)

Ⅰ　沖縄でアメリカ軍と地上戦を行った。

Ⅱ　関東軍特種演習（関特演）という名目で満洲に兵力を集めた。

Ⅲ　中国国民政府の首都である南京を占領した。

①　Ⅰ—Ⅱ—Ⅲ　　②　Ⅰ—Ⅲ—Ⅱ　　③　Ⅱ—Ⅰ—Ⅲ

④　Ⅱ—Ⅲ—Ⅰ　　⑤　Ⅲ—Ⅰ—Ⅱ　　⑥　Ⅲ—Ⅱ—Ⅰ

□ **問6** 満洲事変以後の軍需産業と経済について述べた文として**誤っているもの**
を，次の①～④のうちから一つ選べ。 (2014 本試・日A／改)

①　軍部と結びついた新興財閥は，朝鮮・満洲へ活発な投資を行った。

②　物資動員計画を立案する企画院が設立された。

③　労働組合は解散させられ，日本労働組合総評議会が結成された。

④　日本軍が南部仏印に進駐すると，アメリカは対日石油輸出を禁止した。

□ **問7** 日本の植民地・占領地域の状況について述べた文として**誤っているもの**
を，次の①～④のうちから一つ選べ。 (2015 本試・日A)

①　軍政当局は占領地域の住民に対して，日本語の学習，神社参拝などを
強要した。

②　朝鮮では，日本式の氏名を名のらせる「創氏改名」が行われた。

③ 東南アジアの占領地域では，石油やゴムの徴発が行われた。

④ 日本の勢力下にある諸地域の政治指導者たちが京城（現ソウル）に集められ，大東亜会議が開催された。

□ **問8** アジア太平洋戦争（太平洋戦争）期の国民生活に関して述べた次の文a〜dについて，正しいものの組合せを，下の①〜④のうちから一つ選べ。

（2014 本試・日A）

a 中学校が国民学校に改められ，国家主義的教育の徹底がはかられた。

b 生活物資が不足するようになり，砂糖・衣料などには切符制が実施された。

c 米軍の空襲に備えて，大都市の児童たちは地方に疎開した。

d 女性の戦争への動員を進めるため，女性団体が統合され新婦人協会が結成された。

① a・c ② a・d ③ b・c ④ b・d

□ **問9** 1940年代の女性について述べた次の文X・Yと，それに該当する語句a〜dとの組合せとして正しいものを，下の①〜④のうちから一つ選べ。

（2016 本試・日A）

X 未婚の女性が組織され，おもに軍需工場の労働力として動員された。

Y この人物の内閣が行った総選挙で，女性がはじめて代議士に当選した。

a 女子挺身隊　　**b** ひめゆり(学徒)隊　　**c** 幣原喜重郎　　**d** 吉田茂

① X—a　　Y—c　　② X—a　　Y—d

③ X—b　　Y—c　　④ X—b　　Y—d

□ **問10** アジア太平洋戦争中から敗戦直後にかけての社会に関して述べた次の文a〜dについて，正しいものの組合せを，後の①〜④のうちから一つ選べ。

（2013 本試・日A）

a 戦争中，文科系を中心とした学生は，徴兵（徴集）猶予が停止され陸・海軍に入隊した。

b 戦争中，国内の大都市では食糧徴発の代価として軍票が乱発され，インフレーションを招いた。

c 敗戦直後，人々は生活物資を入手するために，闇市の利用や農村への買い出しを強いられることがあった。

d 敗戦直後，生活が華美になるのを防ぐために，アメリカ文化の流入が禁止された。

① **a・c**　② **a・d**　③ **b・c**　④ **b・d**

□ **問11** あなたが時代の転換点として支持する**歴史的事象**を次の①・②から一つ選び，その**理由**を下の③～⑧のうちから一つ選べ。なお，**歴史的事象**と**理由**の組合せとして適当なものは複数あるが，解答は一つでよい。

（2018 試行／改）

あげられた歴史的事象

① ポツダム宣言の受諾

② 1945年の衆議院議員選挙法改正

理由

③ この宣言には，経済・社会・文化などに関する国際協力を実現するための機関を創設することが決められていたから。

④ この宣言には，共産主義体制の拡大に対して，日本が資本主義陣営に属すことが決められていたから。

⑤ この宣言には，日本軍の武装解除など，軍国主義を完全に除去することが決められていたから。

⑥ 従来，女性の選挙権は認められてきたが，被選挙権がこの法律で初めて認められるようになったから。

⑦ 初めて女性参政権が認められて選挙権が拡大するとともに，翌年多くの女性議員が誕生したから。

⑧ この法律により，女性が政治集会を主催したり参加したりすることが可能になったから。

24 昭和時代戦後

□ **問1**　戦後改革期における経済対策に関して述べた次の文 **X・Y** について，その正誤の組合せとして正しいものを，下の①〜④のうちから一つ選べ。

(2009 本試)

X　降伏と同時に食糧の配給制度が全面的に廃止され，価格の統制も撤廃された。

Y　物価上昇を抑制するため，金融緊急措置令によって国民の預金が封鎖された。

① **X** 正　**Y** 正　② **X** 正　**Y** 誤

③ **X** 誤　**Y** 正　④ **X** 誤　**Y** 誤

□ **問2**　占領期の文化・教育について述べた文として**誤っているもの**を，次の①〜④のうちから一つ選べ。(2016 本試・日A)

① 教育制度が改革され，小学校と中学校が義務教育となった。

② 湯川秀樹が，日本人としてはじめてノーベル賞を受賞した。

③ 都道府県・市町村ごとに，任命制の教育委員会が設置された。

④ 岩宿遺跡などの発掘調査が行われ，考古学研究が進展した。

□ **問3**　吉田茂について述べた文として正しいものを，次の①〜④のうちから一つ選べ。(2018 本試)

① 保守合同によって結成された自由民主党の初代総裁となった。

② 日本社会党を中心とする連立政権の首相となった。

③ 全面講和論をしりぞけ，サンフランシスコ平和条約を締結した。

④ 連合国軍の進駐を受け入れ，降伏文書に調印した。

□ **問4**　第二次世界大戦後初の総選挙に関して述べた次の文 **a〜d** について，正しいものの組合せを，後の①〜④のうちから一つ選べ。(2015 本試)

a　選挙前に選挙権が，満20歳以上の男女へと拡大された。

b　日本自由党が第一党となり，石橋湛山内閣が成立した。

c　戦争中に議員だった者の多くが公職追放となり，立候補できなかった。

d　この選挙後の衆議院と参議院で，日本国憲法案が審議された。

①　**a・c**　　②　**a・d**　　③　**b・c**　　④　**b・d**

□ **問5**　1947年から1949年までの間の政治・経済・文化について述べた文とし
て**誤っているもの**を，次の①〜④のうちから一つ選べ。　　(2013 本試・日A)

①　主権在民，基本的人権の尊重，平和主義を特徴とする日本国憲法が施
行された。

②　官公庁の労働者を中心に計画された二・一ゼネストが，GHQの命令
により直前に中止された。

③　GHQ顧問ドッジの指示によって，経済活性化のため財政支出が大幅
に拡大された。

④　物理学者の湯川秀樹が日本人としてはじめてノーベル賞を受賞した。

□ **問6**　空欄　ア　イ　に入る語句の組合せとして正しいものを，下の
①〜④のうちから一つ選べ。　　(2015 本試・日A)

1947年7月，GHQは　ア　の方針に沿って三井物産と三菱商事に解散
指令を発し，前者は200社以上，後者は100社以上に細分化された。…約7
年間に及ぶ占領を経て1952年4月に　イ　が発効した。

①　**ア**　財閥解体　　　　　**イ**　ポーツマス条約

②　**ア**　財閥解体　　　　　**イ**　サンフランシスコ平和（講和）条約

③　**ア**　経済安定九原則　　**イ**　ポーツマス条約

④　**ア**　経済安定九原則　　**イ**　サンフランシスコ平和（講和）条約

□ **問7**　1951年に調印した講和条約に関して述べた文として正しいものを，次
の①〜④のうちから一つ選べ。　　(2009 本試)

①　この条約調印と同時に小笠原諸島が返還された。

②　この条約調印をきっかけとして，警察予備隊が発足した。

③　この条約の調印と同じ日に，日米安全保障条約が調印された。

④　この条約の調印には，ソ連を除くすべての交戦国が参加した。

□ **問8** 次のスライドの空欄 ア に入る**政策X・Y**と，その政策の**目的a・b**
との組合せとして正しいものを，下の①～④のうちから一つ選べ。

(2021第1日程／改)

スライド

農地改革の歴史的背景（戦時期）

1 **総力戦と食糧増産**

・労働力や肥料の不足などにより食糧不足が深刻化

→総力戦遂行のため，食糧の安定供給が必要になる

2 **農業統制の展開**

・小作料統制令の施行(1939年) … 小作料の引上げを禁止する

・米の供出制度の開始(1940年) … 政府が耕作者から直接買い上げる

・食糧管理法の制定(1942年) … 公定価格以外の食糧取引を禁止する

・農地審議会で自作農創設の促進を決定（1943年）

＊これらの点から，戦時期では ア が採られたと考えられる

3 **まとめ**

戦時期には，政府が主要食糧の生産・流通・消費を管理した。また，
自作農創設に向けた動きも一部でみられた。戦時期の食糧・農地に関
する政策は，戦後の農地改革に引き継がれる部分もあったが，寄生地
主制の強制的な解体を目指すものではなかった。なお，食糧管理制度
は戦後も続いたが，その目的は変化していった。

政策 **X** 小作人（耕作者）を優遇する政策

Y 地主を優遇する政策

目的 **a** 寄生地主制を強化するため。

b 食糧の生産を奨励するため。

① **X―a** ② **X―b** ③ **Y―a** ④ **Y―b**

□ **問9** 次の**スライド**を参考にしながら，農地改革の過程と実績に関して述べた文として**誤っているもの**を，後の①～④のうちから一つ選べ。

（2021 第1日程／改）

スライド

農地改革の過程と実績

1　GHQの目標　…　軍国主義の温床の除去

・寄生地主制の除去による安定した自作農経営の創出

2　農地改革の過程

・政府主導の第一次農地改革案の決定（1945年）

・GHQの勧告にもとづく第二次農地改革の開始（1946年）

　→国が公定価格で農地を買収し，小作人に売り渡す（1947～50年）

3　農地改革の実績

・総農地に占める小作地面積の変化

　　45.9％（1945年11月）　⇒　9.9％（1950年8月）

　→農家の大部分が自作農になった

図　経営規模別農家戸数と兼業農家戸数の割合（%）

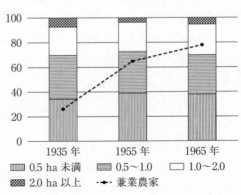

（三和良一・原朗編『近現代日本経済史要覧　補訂版』により作成）

---

① GHQは，日本の軍国主義の原因の一つに寄生地主制があると考えていた。

② 第一次農地改革案は不徹底であるとみなされ，寄生地主制の除去を求めるGHQの指示により，第二次農地改革が開始された。

③ 1965年の農家の9割以上は経営規模2ha未満であり，1935年時点と比べて経営規模の小規模性は大きく変化していない。

④ 1965年の農家の約8割は兼業農家であり，1935年時点と同様に，専業農家の割合は低いままである。

□ **問10** 敗戦直後に日本人が置かれた状況に関して述べた次の文**X・Y**と，該当する地域**a～d**との組合せとして正しいものを，下の①～④のうちから一つ選べ。 (2017 試行／改)

X ソ連軍侵攻の影響で，日本国内への引揚げに際して残留孤児となった人が多くうまれた。

Y 日本本土から切り離され，長い間アメリカの施政権下に置かれることとなった。

a 旧満洲国　　**b** 台湾　　**c** 北海道　　**d** 沖縄

① **X**—**a**　　**Y**—**c**　　② **X**—**a**　　**Y**—**d**

③ **X**—**b**　　**Y**—**c**　　④ **X**—**b**　　**Y**—**d**

25 昭和後期・平成・令和時代

□ **問1** レイさんは博物館で関東地方にあるα市の産業史の展示を見た。その後，図書館に行き，書籍と展示のメモを見ながら，三つの時期について，世界経済と国内産業の状況がα市に及ぼした影響を**模式図**にまとめてみた。空欄 **ア**・**イ** に入る文**あ〜う**，空欄 **ウ** に入る文**X・Y**の組合せとして正しいものを，後の①〜⑥のうちから一つ選べ。 (2022 試作)

模式図

	世界経済と国内産業の状況	α市の出来事
1900年代	**ア**	生産された物資を貿易港まで運ぶ鉄道が開通した。
1930年代	恐慌でアメリカの消費が落ち込み，日本の輸出産品にも影響が出た。	**ウ**
1980年代	**イ**	絹織物工場の場所が，別の製品の工場として利用された。

ア・**イ** に入る文

あ 新興財閥が重化学工業に進出し，国内での生産や流通に影響が出た。

い 電気・電子製品の輸出が伸び，国内での生産や流通に影響が出た。

う 外貨獲得に有効な生糸の輸出が伸び，国内での生産や流通に影響が出た。

ウ に入る文

X 傾斜生産方式により，資源・資金が配分された。

Y 生糸の需要が減り，繭の価格が下落した。

① ア—あ　イ—い　ウ—X　　② ア—あ　イ—う　ウ—Y

③ ア—い　イ—う　ウ—X　　④ ア—い　イ—あ　ウ—Y

⑤ ア—う　イ—あ　ウ—X　　⑥ ア—う　イ—い　ウ—Y

□ **問2** 高度経済成長期の経済と社会について述べた文として**誤っているもの**を，次の①〜④のうちから一つ選べ。 (2014 本試)

① 日本は，国際通貨基金（IMF）8条国に移行し，国際収支の悪化を理由とした為替管理を行えなくなった。

② 1960年代末に日本の国民総生産は，資本主義国で第2位となった。

③ 重化学工業化の進展とともに，石炭から石油へとエネルギー源の転換が進んだ。

④ 白黒テレビ・自動車・クーラーが，「三種の神器」とよばれた。

□ **問3** 次の文の空欄 ア イ に入る語句の組合せとして正しいものを，下の①〜④のうちから一つ選べ。 (2020 追試・日A)

冷戦終結後に世界各地で勃発した地域紛争に対する「国際貢献」が求められるなかで，宮沢喜一内閣は ア を成立させ，自衛隊をカンボジアに派遣した。またこの時期， イ が国連難民高等弁務官として，難民問題の解決に力を尽くすなど，日本政府や日本人の国際社会とのかかわりも広がっていった。

① **ア** テロ対策特別措置法 **イ** 緒方貞子

② **ア** テロ対策特別措置法 **イ** 新渡戸稲造

③ **ア** PKO（国連平和維持活動）協力法 **イ** 緒方貞子

④ **ア** PKO（国連平和維持活動）協力法 **イ** 新渡戸稲造

□ **問4** 1970年代の日本社会について述べた文として**誤っているもの**を，次の①〜④のうちから一つ選べ。 (2023 本試・日A)

① 変動為替相場制から固定為替相場制に移行したことで，円高が進行した。

② 航空機の購入をめぐる収賄容疑により，元首相が逮捕された。

③ 公害問題への関心が高まるなか，環境庁が設置された。

④ 年平均の経済成長率が，敗戦後初めてマイナスとなった。

□ **問5** 高度経済成長期の外交に関して述べた次の文Ⅰ～Ⅲについて，古いもの
から年代順に正しく配列したものを，下の①～⑥のうちから一つ選べ。

(2013 本試)

Ⅰ 韓国政府を朝鮮にある唯一の合法的な政府と認める日韓基本条約が調印
された。

Ⅱ 日ソ共同宣言が調印され，その結果ソ連の支持により日本の国際連合加
盟が認められた。

Ⅲ 日米相互協力及び安全保障条約（新安保条約）が調印され，アメリカの
日本防衛義務が明示された。

① Ⅰ—Ⅱ—Ⅲ ② Ⅰ—Ⅲ—Ⅱ ③ Ⅱ—Ⅰ—Ⅲ
④ Ⅱ—Ⅲ—Ⅰ ⑤ Ⅲ—Ⅰ—Ⅱ ⑥ Ⅲ—Ⅱ—Ⅰ

問6 次の文章を読み，後の(1)～(3)に答えよ。 (2017 試行／改)

経済企画庁の『経済白書』は，1955年の日本経済について「もはや戦後
ではない」と記した。このことは，戦後の経済復興が一段落したことを示す
とともに，ⓐ当時の政治・社会・外交においても一つの画期をなすものであっ
た。そして，この年から ┃ **ア** ┃ が発生し，経済成長の時代が到来するので
ある。

ところで，鉱工業生産指数，実質国民総生産，実質個人消費などの指標は
1950年代前半に戦前水準（1934～36年平均）を超えていたが，貿易は戦前
最大の輸出先であった ┃ **イ** ┃ との貿易を失った影響などから立ち遅れ，
1950年代後半に入ってようやく戦前水準を超えた。日本は1955年にGATT
（関税及び貿易に関する一般協定）に加盟するが，ⓑ自由貿易体制の構築に
はその後も長い年月を要した。

□(1) 空欄 ┃ **ア** ┃ **イ** ┃ に入る語句の組合せとして正しいものを，次の①～
④のうちから一つ選べ。

① **ア** アメリカ軍による特殊需要 **イ** イギリス
② **ア** アメリカ軍による特殊需要 **イ** 中 国
③ **ア** 大型設備投資による景気拡大 **イ** イギリス
④ **ア** 大型設備投資による景気拡大 **イ** 中 国

□(2) 下線部ⓐに関連して，この時期のできごとを説明した文として**適当でな**
いものを，次の①〜④のうちから一つ選べ。

① アメリカの水爆実験で日本の漁船が被爆した事件をきっかけに反核
運動が高まり，原水爆禁止を求める最初の世界大会が開かれた。

② 労働運動は，吉田内閣打倒などの政治主義的なものから，「春闘」
方式で賃金上昇を求める方向へと変化した。

③ 革新勢力が党勢を拡大する動きを受け，財界の強い要望を背景に初
の単一保守政党が誕生した。

④ 韓国との交渉を進め，朝鮮半島唯一の合法政府として国交を樹立す
る条約に調印した。

□(3) 下線部ⓑに関連して，次の表の期間に関して述べた文**a〜d**について，
正しいものの組合せを，下の①〜④のうちから一つ選べ。

日本の食料自給率

（単位：％）

品目	1955 年度	1960 年度	1965 年度	1970 年度	1975 年度	1980 年度	1985 年度
米	110	102	95	106	110	100	107
小麦	41	39	28	9	4	10	14
大豆	41	28	11	4	4	4	5
野菜	100	100	100	99	99	97	95
果実	104	100	90	84	84	81	77
牛乳及び乳製品	90	89	86	89	81	82	85
肉類	100	93	93	89	76	80	81
砂糖類	—	18	31	22	15	27	33
魚介類	107	108	100	102	99	97	93

（三和良一・原朗編『近現代日本経済史要覧』補訂版より作成）

a 外国産果物の輸入自由化が広がり，身近な食品となっていった。

b 輸送手段の発展で，水産物は輸入に大きく依存するようになった。

c 食生活の変化により，洋食関連品目の輸入が増えた。

d 専業農家が大きく減少し，輸入米が増加した。

① **a・c** ② **a・d** ③ **b・c** ④ **b・d**

近現代　実戦問題

　近代日本の経済・国際関係に関する次の**A**の資料や文章を読み，後の問い（**問1〜4**）に答えよ。（資料は，一部省略したり，書き改めたりしたところもある。）

（2018 試行）

A　次の図はUさんが近代史の学習内容を整理したものである。

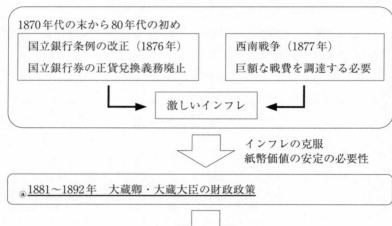

1870年代の末から80年代の初め

> 国立銀行条例の改正（1876年）
> 国立銀行券の正貨兌換義務廃止

> 西南戦争（1877年）
> 巨額な戦費を調達する必要

激しいインフレ

インフレの克服
紙幣価値の安定の必要性

ⓐ1881〜1892年　大蔵卿・大蔵大臣の財政政策

1880年代前半の影響
ⓑデフレの長期化は，人々の生活にも大きな影響を及ぼした。

1880年代後半の影響
物価は安定に向かい，金利が低下して株式取引も活発になった。
日本の産業革命の始まりを告げる会社企業の設立ブームが到来し，ⓒ産業界は活気づくことになった。

□ **問1**　下線部ⓐの政策について述べた文として正しいものを，次の①〜④のうちから一つ選べ。

① 歳入を増加させるため，地租の引き上げを行った。

② 日本銀行を設立し，銀兌換の銀行券を発行した。

③ 不換紙幣を処分するために，歳出超過の予算が編成された。

④ 緊縮財政がとられたので，軍事費への支出は削減された。

□ **問2** 下線部ⓑを示すデータとして**適当でないもの**を，次の①〜④のうちから一つ選べ。

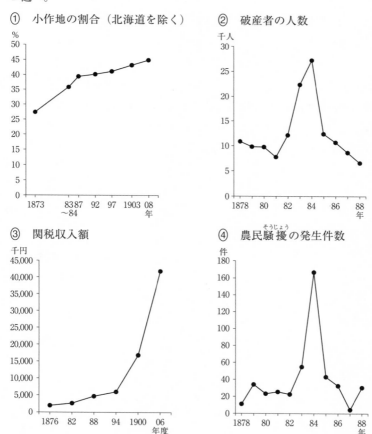

① 小作地の割合（北海道を除く）

② 破産者の人数

③ 関税収入額

④ 農民騒擾の発生件数

（三和良一・原朗編『近現代日本経済史要覧 補訂版』，日本銀行統計局『明治以降本邦主要経済統計』，青木虹二『明治農民騒擾の年次的研究』により作成）

□ **問3** 下線部ⓒに関連して，この時期に勃興した代表的な産業の営業状況を示した次の資料**甲・乙**に関して述べた文**X・Y**について，その正誤の組合せとして正しいものを，下の①〜④のうちから一つ選べ。

甲 紡績機械および蒸気機械などは，英国に派遣された技術長が有名なオールダムのプラット社およびヒック社に直接談判し，改良機械を注文した。

（三重紡績会社『第2回実際考課帖』）

乙 貨物の収入がこのように増加したのは，線路の延長によって地方物産の価格に変動が生じ，販路が広がったことと，沿線の人々の多くが汽車を便利と感じるようになり，従前の船便を止めて汽車便にするなど，ますます鉄道を利用するものが増えたことによる。

（日本鉄道会社『第11回報告』）

X 甲が示す産業の技術導入をめぐり，この企業は主体的でなかった。

Y 乙が示す産業の発達は，国内の物流のあり方に影響を与えた。

① **X** 正　　**Y** 正　　② **X** 正　　**Y** 誤
③ **X** 誤　　**Y** 正　　④ **X** 誤　　**Y** 誤

□ **問4** 次の**資料Ⅰ〜Ⅳ**は，日清戦争後の日本や日本と諸外国との関係を示している。**資料Ⅰ〜Ⅳ**を参考にして，イギリスが利益を得ることになった下関条約の条項を，下の①〜④のうちから二つ選べ。

資料Ⅰ 日清戦争の賠償金の使途

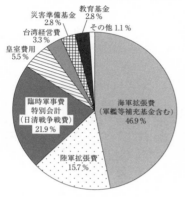

（総額 360,809千円）
（『大蔵省史』により作成）

資料Ⅱ 主な開港場と列強の勢力範囲（1900年前後）

（濱下武志『世界歴史大系 中国5』などにより作成）
（注） アヘン戦争後，清国はイギリス・アメリカ・フランスに片務的な最恵国待遇を認めていた。

資料Ⅲ

日本の主力艦調達先
（日清戦争後〜日露戦争）

種別	調達先	隻数
戦艦	イギリス	4隻
巡洋艦	イギリス	4隻
	イタリア	2隻
	フランス	1隻
	ドイツ	1隻

（『日本外交文書』により作成）

資料Ⅳ

清国の対外借款（日清戦争賠償金関係）

成立時期	借款金額	年利	借款引受国
1895年	4億フラン	4.0%	ロシア・フランス
	（英貨換算 1,582万ポンド）		
1896年	1,600万ポンド	5.0%	イギリス・ドイツ
1898年	1,600万ポンド	4.5%	イギリス・ドイツ

（『日本外交文書』などにより作成）

① 清国は朝鮮の独立を認める。

② 遼東半島・台湾・澎湖諸島を日本に割譲する。

③ 日本に賠償金2億両（テール）を支払う。

④ 新たに沙市・重慶・蘇州・杭州を開市・開港する。

□ **問5** 「都市部を中心に肉を食べたり牛乳を飲んだりする習慣が広まった」に関連して，次の**表**は，敗戦後から1995年までの一人一日当たりの食料（米，肉類，牛乳・乳製品）消費量を示したものである。また，**データ a〜d** は，1930年，1946年，1975年，2005年のいずれかの年の食料消費量の値である。**表**の説明を参考にして，**表**中の **X・Y** と，それに該当する**データ a〜d** との組合せとして正しいものを，下の①〜④のうちから一つ選べ。　　(2021 第2日程)

表　一人一日当たりの食料消費量及びデータ a〜d（単位グラム）

品目＼年	1946	1955	1965	1975	1985	1995	a	b	c	d
米	X	302	306	Y	204	185	254	364	241	168
肉類	X	6	20	Y	62	78	2	4	46	78
牛乳・乳製品	X	33	103	Y	194	249	4	7	147	252

（矢野恒太記念会編『数字でみる日本の100年』により作成）
（注）　1965年まで肉類には鯨肉を含む。

表の説明

・敗戦後，食生活の洋風化・多様化の影響で，牛乳・乳製品の消費量は増加し続け，肉類もほぼ同じ傾向にあった。

・敗戦直後の食糧事情が悪かったため，1946年時の米の消費量は1930年と比べて減少した。

① **X—a**　　**Y—c**　　② **X—a**　　**Y—d**

③ **X—b**　　**Y—c**　　④ **X—b**　　**Y—d**

大学入試 全レベル問題集

日本史

［歴史総合，日本史探究］

2 共通テストレベル

三訂版

Obunsha

目 次

はじめに─歴史総合の問題について

　文部科学省が定める「歴史総合」の「学習指導要領」では，近代化および国際秩序の変化・大衆化に関する「現代的な諸課題」として，**「自由・制限」「平等・格差」「開発・保全」「統合・分化」「対立・協調」**などの観点から，適切な主題を設定し，諸資料を活用しながら問いを立てることを求めている。

　「歴史総合」の教科書は「学習指導要領」に基づいて教科書発行者（出版社）が編集し，さらに文部科学省による検定（**教科書検定**）に合格したものだけが教科書として供給・採択される。**大学入学共通テスト**も当然，その趣旨（および教科書）にもある程度沿うように作成されるので，上記の観点が含まれた問題が出題される可能性は極めて高い。

　また，「学習指導要領」では，日本史の幕末～明治時代に相当する「近代化への問い」においては，**「交通と貿易」「産業と人口」「権利意識と政治参加や国民の義務」「学校教育」「労働と家族」「移民」**などに関する資料を用いて，資料の読みとりや課題の追究・解決，新たな問いの作成を求めている。同様に大正～昭和時代初期に相当する「国際秩序の変化や大衆化への問い」においては，**「国際関係の緊密化」「アメリカ合衆国とソヴィエト連邦の台頭」「植民地の独立」「大衆の政治的・経済的・社会的地位の変化」「生活様式の変化」**などに関する資料を用いて，資料の読みとりや課題の追究・解決，新たな問いの作成を求めている。さらに日本の独立後，特に高度経済成長期以降の「グローバル化への問い」においては，**「冷戦と国際関係」「人と資本の移動」「高度情報通信」「食料と人口」「資源・エネルギーと地球環境」「感染症」「多様な人々の共存」**などに関する資料を用いて，資料の読みとりや課題の追究・解決，新たな問いの作成を求めている。

　本問題集の1章「歴史総合の問題」で取り上げた大学入試センターによる**試作問題**は，まさにこの「学習指導要領」の趣旨がみごとに体現されたものであり，今後の共通テストの出題においても，上記の観点および問いの具体例などについては出題が想定されるので，特に注意を要する。「歴史総合」を，今までのような一般的な「通史の学習」として捉えるのではなく，上記の内容につ

いて考察しながら新たな「問い」を見つけて表現し、現代的諸課題と結びつける「新しい歴史科目」として捉えることが重要である。

さらに、**出題（設問）の形式**として高校生などの発表形式や友人・先生との会話文、レポートや概念図（模式図）での歴史内容の提示が多いのも、「歴史総合」という科目が**「主体的かつ対話的に深く歴史を学ぶ科目」**であることを意識したものである。つまり資料（図版やデータ、写真、概念図なども含む）を用いた設問の読みとりが中心で、単なる歴史の知識のみならず**思考力や判断力までも問う**という多様な出題形式に慣れることも重要である。

その意味でも「歴史総合」という新しい科目がもつ特徴と意義を理解することが重要で、なかでも**因果関係、歴史的意義、推移（変化・変遷・転換）**、時代観（適切な時期区分と時代の特徴の把握）を意識することが求められる。

「歴史総合」が対象とする**18世紀以降の世界と日本**は、前近代と比べて一層世界の結びつきが深まっている。つまり、幕末以降の日本の歴史については、隣接する東アジアはもちろん、つねに世界各国の動きに注目し、**グローバル化の視点**をもって世界と日本が結びついていることを意識し、同時代の「似た他者」を見出して対比したり、前後の時代や横の地域との相関を考えたりすることが求められ、今後もこれらの観点からの出題が十分に予想される。

「歴史総合」のみならず**「日本史探究」**においても世界史・地理・公民の知識が求められている。事実として科目をまたぐような出題はすでに前身の「大学入試センター試験」の特に後半期から増えている。そのため本問題集では、**「歴史総合、世界史探究」**および「大学入試センター試験」（特に後半期）の問題も含めて、隣接する科目の学習内容を含む問題を意識的に多く取り上げている。

このような「学習指導要領」の変遷および新たな観点を理解したうえで、1つ1つの問題に取り組みたい。

第1問

問1 ⑥	問2 ④	問3 ②	問4 ④	問5 ②	問6 ③
問7 ①	問8 ④	問9 ②			

問1 ⑥…**い**—**Z**が正しい。**あ**×・**い**○：蒸気船の燃料は石炭。日本がエネルギー革命により石炭から**石油**に転換したのは高度経済成長期の1960年代。**Z**○：1854年に**日米和親条約**が結ばれた。日本が開港した**下田**や箱館は，図1で示す中国への太平洋横断航路および北太平洋上で操業する**捕鯨船**の寄港地としてもアメリカに期待された。**X**×：ヨーロッパ大陸とアメリカ大陸間の相互不干渉主義を唱えた**モンロー教書（宣言）**は1823年。アメリカの**孤立主義**の外交原則が示された。**Y**×：ハル=ノートは1941年11月。日本が**日米交渉**を打ち切り，日米開戦へと転じる契機となったアメリカの最後通告的な提案。ハルは日本の外相に相当する国務長官。中国と仏印（フランス領インドシナ）からの日本軍の全面撤退，**日独伊三国同盟**の死文化，**重慶**の**蔣介石**政権以外の中国政権の否定（日本が支援した**南京**の**汪兆銘**政権と「**満洲国**」の否定を指す）など。日本側は**野村吉三郎・来栖三郎**がワシントンで日米交渉を担っていた。

問2 ④…ロシアの東方進出についての年代整序問題。幕末・明治期の東アジアの状況の理解も求めている。**資料2**（1792年）→沿海州の獲得（1860年）→**資料1**（1875年）の順。**資料1**は**樺太・千島交換条約**。日米和親条約（1854年）に続いて幕府が**プチャーチン**と結んだ**日露和親条約**では，千島列島は**択捉島**以南を日本領，**得撫島**以北をロシア領とし，樺太（サハリン）は従来通り境界を定めない日露の両属とした。その後明治政府は，1875年に日本は**占守島**までの千島全島を得る代わりに，樺太の権利を放棄した。**資料2**は1792年の**ラクスマン**の根室への来航で，資料にある漂流民は**大黒屋光太夫（幸）太夫**。1804年の**レザノフ**の長崎への来航よりも前の出来事である。一方，**アロー戦争（第2次アヘン戦争）**は1856～60年。ロシアの沿海州獲得は1860年の露清間の**北京条約**による。

問3 ②…**あ**—**Y**が正しい。**あ**○・**い**×：地理の知識を用いて図1から判断す

る必要がある。上海は緯度で台湾（たいわん）よりも上側（北側），広州は下側（南側）に位置することを読みとる。アヘン戦争後，1842年の英清間の南京条約（ナンキン）により開港した上海について，アメリカは1844年，清との望厦（ぼうか）条約で同等の権利を得た。**X×・Y○**：パネル1の1867年に注目する。アメリカの西漸運（せいぜん）動の進展，特に1869年の大陸横断鉄道完成により太平洋経由でアジアへ行くことは現実的なものとなり，日本や琉球王国（りゅうきゅう）との条約締結は，経由する寄港地を確保するために必要であった。一方，ヨーロッパ諸国は従来のアフリカ・中東・インド・マラッカ海峡経由でアジアをめざし，特に1869年のスエズ運河開通により，海上交通の時間が大幅に短縮された。

問4 ④…④○：下線部ⓓの1870年代に注目する。1869年に東京・横浜間で初めて架設された電信線は，1870年代に長崎・上海間の海底電線を通じて欧米とも直結し，「世界の一体化」が進んだ。①×：ドルを基軸（きじく）通貨とし，金とドルの交換を保障する通貨体制（IMF体制・ブレトン=ウッズ体制）は1944年以降。第二次世界大戦後の国際通貨体制である。②×：世界貿易機関（WTO = World Trade Organization）は，GATT（ガット）（関税及び貿易に関する一般協定）を継承・発展する形で1995年に発足した自由貿易に関する国際機関。③×：東インド会社はオランダ・イギリス・フランスなどヨーロッパでアジア地域との貿易独占権を得た特許（とっきょ）会社。オランダは1609年，イギリスは1613年に江戸（徳川）幕府から通商許可を得た。イギリス東インド会社は19世紀まで存続したが，その活動の中心は江戸時代であった。

問5 ②…②○：樺太（サハリン）は1875年の樺太・千島交換条約で日本が放棄後，1905年の日露戦争後の講和条約であるポーツマス条約の結果，北緯50度以南が日本に割譲（かつじょう）された。図2をみると北海道の稚内からの南樺太航路は1904〜13年の開設であり，時期が一致する。①×：台湾の植民地化は1895年の下関（しものせき）条約で該当するが，韓国併合（かんこくへいごう）は1910年なので，1903年当時は大韓帝国であり，日本の植民地ではない。日本による保護国化も日韓協約が結ばれる1904年以降である。特に1905年の第2次日韓協約で，日本は大韓帝国の外交権を奪い（かんじょう），漢城（ソウル）に統監府（とうかんふ）を置いて保護国化を進めた。さらに，図2の1903年の定期航路には清（中国）方面も複数含まれている。③×：図2から1913年以前に日本と中南米を直接結ぶ定期航路はないこと

がわかる。④×：**スエズ運河の開通**は1869年で，第一次世界大戦中（1914
〜18年）の出来事ではない。

問6　③…**あ**×：**赤道以北のドイツ領南洋諸島**（現在の太平洋諸島）は第一次
世界大戦後，日本の**委任統治領**になった。連合国のアメリカ（ローズヴェル
ト）・イギリス（チャーチル）・中華民国重慶国民政府（蔣介石）による**カイ
ロ会談**は1943年，第二次世界大戦中の出来事。**い**○：1898年の**米西（アメ
リカ・スペイン）戦争**の結果，フィリピンはスペイン領からアメリカ領となっ
た。日本軍は太平洋戦争の開戦直後からフィリピンに侵攻して1942年に占
領したが，1944〜45年にかけてアメリカ軍に奪回された。なお，日本史の
知識としては，1905年の**桂・タフト協定**により，日本の韓国，アメリカのフィ
リピン支配を両国が相互承認したことを想起したい。

問7　①…①×：グラフの読みとり問題で歴史的知識も必要とする。**表**に示さ
れた通り**復員**は武装を解除された軍人・軍属，**引揚げ**は民間人を指す。シベ
リア（抑留）はソ連各地の**捕虜収容所（ラーゲリ）**を指す。満洲・中国の復
員数を加えると1551/3107（千人）と約50％になるので，「3分の2」は超
えていない。②○：表から**満洲・朝鮮・台湾**が該当する。台湾は1895年，
朝鮮は1910年以降，日本の植民地。「**満洲国**」は1932年3月に建国，同年9
月の**日満議定書**で日本（斎藤実内閣）が承認した独立国だが，実態は日本の
傀儡国家であった。③○：東南アジアでは，現地の人に欧米諸国から独立さ
せて傀儡化したか，日本軍の直接軍政下に置いた。④○：1971年の**沖縄返
還協定**にもとづき，1972年5月15日に返還されるまで，アメリカによる沖
縄支配が長く続いた。

問8　④…**あ**×・**い**○：「核兵器の廃棄（放棄）」について限界はあるものの有
効であることは触れているが，「核の平和利用」推進に関する記述はうかが
えない。**う**×：「東西間の合意は有益」「相手がそれを誠実に履行していると
各々の陣営が信じる」などから，一方的ではなく双務的，相互理解のもとで
核兵器の廃棄（放棄）を進めるべきことが述べられている。**え**○：設問文に
示すように，1955年発表の「ラッセル＝アインシュタイン宣言」に含まれ
ている「日本の漁船員と彼らの漁獲物を汚染したのは，この灰でした」から，
前年（1954年）に起きた**第五福竜丸事件**を取り上げていることがわかる。

操業中の漁船が中部太平洋ビキニ環礁でのアメリカによる**水爆実験**で被爆し犠牲者が出た。当時「死の灰」を浴びた漁獲物（マグロ）も新聞などで取り上げられ，原水爆禁止運動や平和運動が全国で高まり，1955年には広島で第1回，1956年には**長崎**で第2回の**原水爆禁止世界大会**がいずれも被爆地で開かれた。

問9 ②…**あ―W・い―Z**が正しい。「歴史総合」の「近代化と私たち」および「国際秩序の変化や大衆化と私たち」において重視すべき「**自由・制限**」「**統合・分化**」の観点からの出題で，それぞれ対立する概念をどう理解するかが問われている。設問の形式から，「自由・制限」は**W・X**，「統合・分化」は**Y・Z**から選択する。**あ―W**…**W**○：自由貿易体制のもとでアメリカへの日本車の輸出にともなう**貿易摩擦（対日貿易赤字）**という課題をどのように解決するかという「自由・制限」の観点から，貿易統計の実態とそれを批判するアメリカ世論を資料として取り上げるのは有効である。**円安**や**石油危機**後のガソリン価格高騰のもとで，小型でも耐久性があり，低燃費の日本車の人気は高かった。その結果，アメリカ製の自動車販売が不振になり，日本は**輸出の自主規制**，自動車**工場の海外（アメリカ）移転**などを求められたが，それでも日本批判（バッシング）は続いた。**X**×：参加国一覧と参加国のGDP（Gross Domestic Product・**国内総生産**）を調べても「自由・制限」の観点の課題探究にはつながらない。**い―Z**…**Y**×：移住のための交通手段と費用を調べても「統合・分化」の課題探究にはつながらない。**Z**○：国籍取得の条件と国籍取得者数の資料から，国籍を取得しない沖縄県出身者（日本人）の割合やその理由を考察することが可能で，「統合・分化」の課題探究の資料として有効である。

第2問

| 問1 ⑤ | 問2 ② | 問3 ③ | 問4 ③ | 問5 ① | 問6 ② |

問1 ⑤…**い―b**。**あ**×・**い**○：「歴史総合，世界史探究」の設問だが，内容は「日本史探究」（19世紀以降の日本の近代化）である。会話文の「薩摩藩の行列と馬に乗ったイギリス人の一行との間に……出来事」に注目する。**あ**：

馬ではなく駕籠にのる和装の人だけが描かれているので誤りと判断できる。大老井伊直弼が暗殺された1860年の桜田門外の変を描いたもの。**い**：馬上の洋服の人物（外国人）が遭難する1862年の生麦事件を描いたもの。文久の改革を幕府に進言したのち帰途につく薩摩藩主の父島津久光の行列に対する下馬しない非礼が、会話文にある「現地の慣習や法律に従わなかったイギリス人の行動」に該当する。**b**○：年表にある「異国船への燃料や食料の支給を認めた」のは1842年、老中水野忠邦による天保の薪水給与令を指し、年表にある1825年の異国船（無二念）打払令を撤回した。「イギリス艦隊が鹿児島湾に来て、薩摩藩と交戦した」のは、生麦事件の報復のための1863年の薩英戦争である。

問2 ②…②○：会話文にある「イギリス人の行動を正当化しているように見えます」から、生麦事件に対する英字新聞の論説記事は「イギリス人は、……イギリスの法により保護されるべき」という擁護論であることを読みとる。治外法権を居留地以外にも拡大して適用すべきだとする内容である。①・③×：いずれも薩摩藩士によるイギリス人の殺害を当然視する日本側の論説である。④×：イギリス側の論説であるが、関税自主権の回復と生麦事件は直結しない。

問3 ③…③○：「歴史総合，世界史探究」の世界史に関する知識問題であるが、いずれも「日本史探究」で取り扱うべき内容といえる。「19世紀のアジア諸国で……日本と同じく欧米の技術を導入して近代化政策を進める国」という会話文から、李鴻章・曽国藩による清末の洋務運動（自強運動）を想起する。儒教は中国を特定する際のヒントにもなる。①×：ゴルバチョフによる1980年代以降のソ連のペレストロイカ。ペレストロイカ（改革）とグラスノスチ（情報公開）を進めた。②×：1978年以降、中国の鄧小平が計画経済から市場経済への転換を図った改革・開放路線。「四つの現代化」は、農業・工業・国防・科学技術を指す。④×：世界恐慌への対応でアメリカのローズヴェルト大統領が実施した1930年代のニューディール（政策）。アメリカで労働者に団結権と団体交渉権を認めたのは、1935年のワグナー法である。特に18世紀以降におけるこのレベルの世界史的知識は、「歴史総合」の内容として必須と考えるべきである。

問4　③…**い―X**が正しい。選択肢には世界史的知識が含まれるが，仮に消去法でも正解を導ける。**あ**×：「社説の抜き書き」の通り**日本万国博覧会（大阪万博）**は1970年。**第1次石油危機（オイル＝ショック）**は万博後の1973年で**第4次中東戦争**に起因する。**い**○：1967年制定の**公害対策基本法**を指す。現在は**環境基本法**に継承されている。高度経済成長にともなう公害問題は深刻で，大阪万博後の1971年には**環境庁**も設置され，2001年の中央省庁再編で現在は**環境省**になっている。**X**○・**Y**×：**開発独裁**は1960年代以降，「**アラブの春**」は2010年代の出来事で時期が異なる。インターネットの普及は，日本では1995年のウィンドウズ95の発売に象徴されるように1970年代には見られないので，消去法でも解答が可能である。

問5　①…**ア―アフリカ**：17の新興独立国が誕生した1960年は「**アフリカの年**」ともよばれる。**イ―非同盟諸国首脳会議**に参加。欧米の先進国（第一世界）でも社会主義国（第二世界）でもない，アジア・アフリカなどの新興国は「**第三世界**」とよばれた。**国際連盟**は1920年に設立。戦後は**国際連合**に継承され，1960年代には国際連盟は存在しない。

問6　②…②○：日本は第二次世界大戦後，**ビルマ（現ミャンマー）・フィリピン・インドネシア・南ベトナム（現ベトナム）**の4か国には戦時**賠償**を行い，カンボジア・タイ・マレーシア・シンガポールなどの東南アジア諸国や韓国（大韓民国）には無償の**借款**や経済協力を行った。①×：1970年にはまだ日本と中華人民共和国（中国）との間に国交は結ばれていない。1972年の**日中共同声明**で日本は中国と国交を結び，1952年以来，国交があった**中華民国（台湾）**とは断交した。1978年の**日中平和友好条約**以降に**ODA（政府開発援助）**が始まった。③×：グラフでは南アジアへの割合は2000年以降増加に転じているので，「一貫して減少し」は誤り。④×：①と③が×なので「テルさんのメモのみが正しい」ことになる。

問1 ④ **問2** (1)④ (2)① **問3** ①

解説 **問1** ④…④×：深耕が可能となり生産力が増大する**牛馬耕**は鎌倉時代（中世）に西日本から始まった。①○：旧石器時代には，ナイフ形石器や尖頭器，のちに**細石器**をほどこした石槍などの打製石器が用いられた。②○：気候の温暖化による**縄文海進**と結びつけて正解と判断する。石錘・丸木舟，網などが漁具の具体例である。③○：鉄は錆びるので，排水による乾田化が求められた。弥生時代に収穫具は**石包丁**から**鉄鎌**へと進化している。

問2 (1) ④…④○：歴史用語を空欄にすることが多かった大学入試センター試験と異なり，空欄に文章を答えさせる形式である。鈴木さんは近畿説の立場から邪馬台国を考えているので，邪馬台国がのちのヤマトの王権につながる（勢力を強めていく）立場で考える。弥生時代は方形周溝墓や四隅突出型墳丘墓など墳墓に代表される**多様性**，古墳時代は**前方後円墳**や称号に代表される**統一性**（**画一性**）を特徴とする。特に3世紀後半から4世紀には近畿地方を中心に前方後円墳が多くつくられた。なお，古墳時代前期の被葬者は，副葬品に鏡や剣，玉などがみられ，司祭者的性格の人物が多い。①×：**五経博士**の来日は6世紀。②×：近畿説と合致しない上に，この時期，関東が政治の中心となった事実はない。③×：仏教の伝来は公伝の戊午説（538年），壬申説（552年），**司馬達等**らによる私伝ともに6世紀である。（『**上宮聖徳法皇帝説**』は戊午説，『日本書紀』は壬申説。）いずれにせよ百済の**聖明王**から**欽明天皇**に伝えられた。

(2) ①…資料は邪馬台国を記す『**魏志**』**倭人伝**。**X**：下戸は身分制社会である邪馬台国での一般民なので，邪馬台国を「敵国」とする**b**は誤文。一方，身分制の状況から**a**は十分に予想される。**Y**：大夫難升米は**卑弥呼**が景初3（239）年，**帯方郡**に派遣した外交官。魏が朝鮮半島に置いた**帯方郡**から，中国（魏の都洛陽）に向かい「天子に詣りて朝献」を求めているので，**d**の「内政にかかわる監督官」は誤文である。なお，この功績により，卑弥呼は魏から「親魏倭王」の称号を得たが，その証拠となるような遺物は未出土である。

問3 ①…**a**○：青森県**三内丸山遺跡**は縄文時代中期の大型遺跡。**b**×：北海

道では**続縄文文化**，続いて**擦文文化**という稲作をともなわない文化が続いた。**c○**：南西諸島（沖縄県・鹿児島県）では**貝塚文化**が続いた。**d×**：種子島・屋久島は8世紀には行政区画化されたので10世紀ではない。

さらに 正誤問題に挑戦！

共通テストの成否を決める正誤問題で確認しよう。

1．縄文時代には，魚群を見張るために高地性集落がつくられた。

2．縄文を施した土器や，人間を模した造形の埴輪とともに，漆製品は縄文時代の文化を代表する。

3．青森県の三内丸山遺跡では，ヒスイなど他地域から運び込まれた物も出土した。

4．1877年，アメリカ人の動物学者モースが東京都の大森貝塚を発掘調査した。

5．弥生時代の釣り鐘状の青銅器である銅鐸は，九州北部を中心に出土している。

6．アイヌ民族の主な祖先は，続縄文文化や貝塚文化を担った人々だと考えられている。

7．弥生時代，乗馬の風習や硬質の土器が朝鮮半島から伝わった。

8．弥生時代には，西日本を中心に稲作が広まったが，それが本州北端まで伝わったのは古墳時代である。

9．卑弥呼は帯方郡におもむいて，魏の皇帝との会見を求めた。

10．見はらしのよい丘陵や山頂に，戦争に備えるための朝鮮式山城が築かれた。

1．誤（×縄文時代→○弥生時代。高地性集落は戦争に備えた軍事的集落）

2．誤（×埴輪→○土偶。埴輪は古墳時代）　　　3．正（縄文時代中期）

4．正（モースは進化論も紹介）　　　5．誤（×九州北部→○近畿地方）

6．誤（×貝塚文化→○擦文文化。貝塚文化は琉球など南西諸島）

7．誤（乗馬や硬質の須恵器は古墳時代）

8．誤（青森県の垂柳遺跡や砂沢遺跡は弥生時代）

9．誤（大夫難升米を派遣。皇帝は洛陽）

10．誤（×朝鮮式山城→○高地性集落）

2章

原始・古代

1 ｜ 原始時代〜弥生時代　　11

| 問1 ⑤ | 問2 ② | 問3 ③ | 問4 ② | 問5 ③ | 問6 ⑤ |

解説 問1 ⑤…Ⅰ：**新羅**による**百済・高句麗**滅亡は，白鳳時代の7世紀後半。Ⅱ：**渤海使**は727〜919年の間に来日した。Ⅲ：百済からの**五経博士**の来日は古墳時代の6世紀。この頃に易博士，暦博士，医博士も来日した。

問2 ②…**a**○：氏ごとに職掌と姓が与えられ，**氏上**がヤマト政権に仕えた。**b**×：**田荘**は豪族の私有地，ヤマト政権の直轄地は**屯倉**である。**部曲**は豪族の私有民，屯倉の耕作者は**田部**である。**c**×：『**宋書**』**倭国伝**が正しい。478年に**倭王武**〔**雄略天皇**〕が北朝ではなく南朝の宋に朝貢した。『**魏志**』**倭人伝**は弥生時代の**卑弥呼・邪馬台国**を記す史料である。**d**○：**部民**は，ヤマト政権や豪族のために生産に従事する労働集団を指す。

問3 ③…①×：大規模な古墳は**前方後円墳**が多く，各地の有力な豪族が採用した。②×：屯倉はヤマト政権の直轄地。豪族の私有地は田荘である。③○：氏族制から，律令制の成立後は官僚制へと段階的に移行した。④×：豪族はその子女を**舎人**や**采女**として出仕させた。**公奴婢**は売買の対象とされた官有の奴隷。奴は男で婢は女。律令制における五色の賤の1つ（**陵戸・官戸・公奴婢・家人・私奴婢**）。

問4 ②…**a**○・**b**×：弥生時代の流れを汲む**銅鏡**や碧玉製腕飾りは勾玉・管玉とともに首長の司祭者的性格を示す副葬品。なお，**銅鐸・銅剣（平形銅剣）・銅矛**は弥生時代の祭器や宝器であるので混同しないこと。古墳時代中期には武具・馬具・甲冑などが副葬され，これは首長の武人的性格を示す。**c**×・**d**○：古墳時代後期には有力農民層も古墳を築造し，和歌山県の**岩橋千塚古墳群**など群集墳が多く造られた。なお，古墳時代の終末期（7世紀中頃）になると，大王の墓は**八角墳**になった。

問5 ③…ア―**太占**：祓は神事の際に穢れや災いを払う行為。太占（の法）は鹿やのちには亀を用いることもあった。イ―**盟神探湯**：盟神探湯は神判方法。禊は神事の前に川や海など水中で穢れを祓い，身をきよめる行為である。

問6 ⑤…Ⅰ：**磐井の乱**は6世紀（527〜28年），**物部麁鹿火**が鎮圧した。Ⅱ：**白村江の戦い**は7世紀（663年），中大兄皇子は大宰府の防衛を強化し，都

を内陸の近江（滋賀県）の**近江大津宮**に移した。**Ⅲ：倭王武〔雄略天皇〕**が宋（南朝）に朝貢したのは5世紀（478年）で冊封も受けている。

さらに ▶ **正誤問題に挑戦！**

共通テストの成否を決める正誤問題で確認しよう。

1．古墳時代前期の古墳は，長大な横穴式石室に埴輪を副葬した。

2．古墳時代前期の古墳には，銅鏡や石製品，玉製品などが副葬された。

3．古墳時代には，平形銅剣や銅矛（鉾）などの青銅製祭器を用いる祭祀が行われた。

4．前期古墳は，3世紀後半には九州南部から東北北部におよぶ地域で造られるようになった。

5．古墳時代，支配者は，民衆の住む集落から離れた場所に，居館を造った。

6．前期古墳の代表的なものとして，高松塚古墳がある。

7．朝鮮半島に渡った倭の兵が，好太王（広開土王）に率いられた高句麗の軍隊と交戦した。

8．5世紀には，進んだ技術をもつ渡来人が陵戸に編成された。

9．6世紀には，百済から渡来した五経博士をはじめとする諸博士が，儒教や暦法などを伝えた。

10．ヤマト政権は，各地に直轄地である屯倉を配置し，地方豪族への支配を強めた。

11．ヤマト政権に服属した地方豪族には，直や君などの姓を与えた。

12．ヤマト政権は，大王やその一族へ奉仕したり貢物をおさめたりする者を，名代・子代とした。

1．誤（×横穴式石室→○竪穴式石室。形象埴輪は墳丘上に配置）

2．正（司祭者的性格を示す）　　3．誤（×古墳時代→○弥生時代）

4．誤（前期は近畿から西日本）　5．正（群馬県三ツ寺Ⅰ遺跡など）

6．誤（古墳時代後期の彩色古墳）7．正（391年）

8．誤（×陵戸に編成→○品部に組織（錦織部など，陵戸は賤民））

9．正（医・暦・易博士も来日）　10．正（豪族の私有地は田荘）

11．正（中央の豪族には臣，連）　12．正（政権の直属民を指す）

問1 ④ 問2 ④ 問3 ④ 問4 ① 問5 ① 問6 ①

問7 ② 問8 ① 問9 ①

解説 **問1** ④…**ア—物部守屋**：大伴金村は6世紀初めに朝鮮南部を百済に割譲した。蘇我馬子が**物部守屋**を滅ぼしたのは587年，**崇峻天皇**の暗殺は592年である。**イ—法興寺**：蘇我氏の氏寺で飛鳥寺のこと。法隆寺は厩戸王〔聖徳太子〕が，飛鳥ではなく斑鳩の地に建立した。なお，藤原道長が建立した法成寺と混同しないこと。

問2 ④…**ア—蘇我**：飛鳥寺〔法興寺〕は蘇我氏，興福寺は藤原氏の**氏寺**である。**イ—郡司**：「地方豪族」なので，旧国造層を中心とした世襲制（終身官）の**郡司**。国司は中央から派遣された貴族や官人層が，はじめ6年のち4年の任期制で就任した。国司の四等官は**守・介・掾・目**と記し，地方の事情に明るい郡司をたよって業務と責任を分担した。

問3 ④…Ⅰ：蘇我入鹿が山背大兄王を滅ぼしたのは643年。Ⅱ：大伴金村の失脚は540年。Ⅲ：蘇我馬子が**物部守屋**を滅ぼしたのは587年。

問4 ①…①○：7世紀（603年）に厩戸王〔聖徳太子〕が制定した。②×：5世紀（478年）のこと。**倭の五王**のうちの雄略天皇〔倭王武〕は安東大将軍・倭王の称号を得た。③×：2〜3世紀の**卑弥呼**。④×：8世紀（712年）の『**古事記**』編纂。『日本書紀』の舎人親王と混同しないこと。

問5 ①…①○・③×：大宰府防衛のため，**水城・大野城・基肄城**を設け，防人や烽を九州に配した。対馬から大和にかけて**朝鮮式山城**も設けた。②×：難波へは大化改新後に孝徳天皇が都を移した（難波長柄豊碕宮）。中大兄皇子は667年に内陸の**近江大津宮**に都を移した。④×：新羅と結んだ**磐井の乱**は6世紀（527〜28年）の出来事である。

問6 ①…①○：600年の遣隋使以前では，『**宋書**』倭国伝から順帝の昇明2（478）年の**倭王武（雄略天皇）**による朝貢が確認できるので，「100年以上前」は正しい。②×：紙や墨をもたらした曇徴は高句麗からの渡来僧。日本からの派遣（遣隋使）ではない。③×：**冠位十二階**は603年，**憲法十七条**は604年。④×：新しい律令とあるので，律の存在が確認できない7世紀の**近江令**およ

び**飛鳥浄御原令**は該当しない。701（大宝元）年制定の**大宝律令**を指しているが，いずれも遣隋使以降の遣唐使の時期の出来事。なお，**養老律令**は718年に制定されたが，施行は757年（藤原仲麻呂政権）からであった。

問7 ②…①×・②○：**国造**には地方の豪族が任用され，のちの**郡司**にも登用。③×：初期荘園は8世紀以降。**屯倉**が正しい。④×：**磐井**は**筑紫国造**。

問8 ①…**X**○：**東海・東山・北陸・山陽・山陰・南海・西海の七道**。都と**大宰府**を結ぶ山陽道のみ**大路**。東国に通じる東海道（鈴鹿関）・東山道（不破関）・北陸道（愛発関）には**三関**を設け，有事の際には関を閉じた（固関）。**Y**○：**駅鈴**をもつ官人が利用する**駅家**を設け，駅馬を常備した。

問9 ①…①○：西海道（＝九州）を統括した。②×：**衛士**は都の警備（任期は1年），**大宰府**の警備は**防人**（任期は3年）。③×：官設である**東市**と西市を管理する市司は京内に設置された。④×：**近江国**は**東山道**に属し，のちに逢坂関を設置。伊賀国と伊勢国は東海道に属する。

さらに─ **正誤問題に挑戦！**

共通テストの成否を決める正誤問題で確認しよう。

1．留学生として隋に渡った高向玄理は，帰国後に国博士に任じられた。

2．白村江の戦い以後の朝鮮半島情勢を意識した防衛策として，奈良盆地に水城が築かれた。

3．国政を担う大連は，連の姓をもつ有力な氏のうちから任じられた。

4．『日本書紀』の「改新の詔」には，豪族の所有する田荘を廃止する命令が記されている。

5．有力な豪族のもとには，「奴」とよばれる人々がいた。

6．古代には，中央と地方を結ぶ道路が整備され，駅家が置かれた。

7．7世紀には，百済からの亡命貴族の影響もあり，漢詩文が作られるようになった。

1．正（僧旻も任命）　　2．誤（×奈良盆地→○大宰府の北方）
3．正（物部・大伴）　　4．正（豪族の私有民の部曲の廃止も記された）
5．正　　　　　　　　　6．正（国司など官人が利用した）　　7．正

問1 ⑥	問2 ②	問3 ①	問4 ④	問5 ③	問6 ①
問7 ②	問8 ④	問9 ①	問10 ⑥		

解説　問1　⑥…Ⅰ：橘奈良麻呂の変は757年，女性天皇の孝謙天皇の時代。
Ⅱ：藤原宇合の子の藤原広嗣の乱は740年，聖武天皇（橘諸兄政権）の時代。
Ⅲ：長屋王の変は729年。その後，藤原不比等の娘である光明子が立后して
式家の藤原宇合ら藤原四子が政権を担った時代。

問2　②…a○：長屋王は天武天皇の孫。高市皇子の子なので，設問文にある
ように親王ではない。b×：平城宮内ではなく平城京内が正しい。c×：藤
原不比等の没後，子の藤原四子（武智麻呂・房前・宇合・麻呂）による。
d○：729年，光明子は皇族以外で初めて皇后（聖武天皇の妃）となった。
なお，聖武天皇の母も藤原不比等の娘（宮子・文武天皇の妃）である。

問3　①…X：723年の三世一身法では，既存の開墾地は一代，新たな開墾
地は三代まで私有とした。Y○：行基の布教活動ははじめ僧尼令で禁止され
たが，大仏造営に貢献したため，のちに認められ大僧正になった。

問4　④…a×・b○：官位相当の制は，位階に応じた官職につく制度。蔭位の
制は，位階が五位以上の子と三位以上の孫は，父祖の位階に応じて高い位階
が与えられる優遇策で貴族の再生産につながった。c×・d○：国司は中央か
ら貴族や官人が官位相当に従って赴任し，郡司は旧国造層が世襲で就任した。

問5　③…①○：位階により500町から10町まで私有面積が区分された。
②○：初期荘園は租がかかる輸租田である。③×：墾田永年私財法〔天平
十五年の格〕は743年，三世一身法〔養老七年の格〕は723年である。
④○：9世紀の初期荘園は独自の荘民をもたず，周辺の農民に賃租させた。

問6　①…X：調・庸，兵役，雑徭は男性のみが身分・年齢に応じて負担し
た。一方，口分田に課す租は満6歳以上の男女が負担した。Y○：陸奥国の
多賀城には国府と鎮守府が置かれ，東北地方も順次公地公民制に編入された。

問7　②…a○：大学は式部省，国学は国司の管轄で郡司の子弟が入学した。
b×：内務省は1873年に大久保利通が創設，1947年に廃止された。c×：奈
良時代，北には陸奥国に多賀城を設けたほかに出羽国，南には大隅国を置い

た。沖縄には15世紀（1429年）に琉球王国が成立，江戸幕府の支配は17世紀以降。**d○**：民部省管轄のもと，班田収授や徴兵のための台帳である**戸籍**は6年ごと，調庸の徴税台帳である**計帳**は毎年作成された。

問8　④…①・②○：班田収授と徴兵の基本台帳となる**戸籍**は6年ごと，調庸の徴税台帳の**計帳**は毎年作成された。③○：中世の武家では妻問婚から嫁入婚（同居婚）に移行。④×：**木綿**は室町時代の**日朝貿易**の輸入品で，近世には三河や河内などで生産された庶民衣料。古代の庶民衣料は**麻**が中心である。

問9　①…**a○・b×**：秋は**新嘗祭**，春は**祈年祭**。新穀の伊勢神宮奉納は**神嘗祭**。新しい天皇の最初の新嘗祭は大嘗祭。**御霊会**は平安時代以降の怨霊や災厄，疫病を祓うための祭礼である。**c○・d×**：752年に開眼供養したのは**盧舎那仏〔大仏〕**。阿弥陀信仰は主に10世紀以降。

問10　⑥…Ⅰ：蝦夷対策として，奈良時代（724年）の**多賀城**に続いて，平安時代の802年に**胆沢城**，803年に**志波城**を設けた。Ⅱ：**聖武天皇**は741年に**国分寺建立の詔**，743年に近江の紫香楽宮で**大仏造立の詔**を発した。Ⅲ：701年の大宝律令で**駅家**の設置を定めた。

さらに　正誤問題に挑戦！

共通テストの成否を決める正誤問題で確認しよう。

1. 奈良時代，多収穫米の外来品種である大唐米が，日本列島全域に普及した。

2. 752年，東大寺では大仏の開眼供養の儀式が行われた。

3. 元明天皇の信任を得ていた道鏡が権勢をふるった。

4. 奈良時代の国司は，在庁官人を通じて徴税を行っていた。

5. 東大寺法華堂不空羂索観音像は，漆を用いた乾漆の技法でつくられた。

6. 正倉院に伝わる鳥毛立女屏風は，宋の文化の影響をうけている。

7. 大伴旅人・家持父子は『懐風藻』に多くの歌を残した。

8. 『万葉集』にある貧窮問答歌は山上憶良が作った。

1．誤（大唐米は中世）	2．正（聖武太上天皇と孝謙天皇）
3．誤（×元明天皇→○称徳天皇）	4．誤（×在庁官人→○郡司・里長）
5．正（脱乾漆像・天平文化）	6．誤（×宋の文化→○唐の文化）
7．誤（×懐風藻→○万葉集）	8．正（長歌）

問1 ⑤	問2 ①	問3 ②	問4 ②	問5 ③	問6 ③
問7 ②	問8 ③	問9 ③	問10 ③		

解説　**問1**　⑤…Ⅰ：**藤原種継**は長岡京遷都の翌785年に暗殺。**早良親王**は桓武天皇の同母弟，淡路配流の道中に絶食死し怨霊になったとされた。Ⅱ：**橘逸勢**が流罪となる**承和の変**は842年。弘仁・貞観期の唐風書道の名家の**三筆**は橘逸勢，空海，嵯峨天皇。和風書家の三跡〔蹟〕と混同しないこと。Ⅲ：**藤原広嗣の乱**は740年。奈良時代の聖武天皇の時代に橘諸兄政権の**玄昉**・吉備真備の排斥をねらった。広嗣は式家藤原宇合の子。

問2　①…**X○**：調と庸はいずれも男子に課せられた人頭税で負担が重かった。一方，口分田には男女ともに租が課されたが，負担は軽かった。**Y○**：醍醐天皇は902年に**延喜の荘園整理令**を出し，班田の励行も命じていた。

問3　②…Ⅰ：7世紀の大化改新後，現在の新潟県に設けた（647年に渟足柵，648年に磐舟柵）。Ⅱ：平安時代の9世紀，802年に**胆沢城**を置き**阿弖流為**が降伏，803年に志波城を設けた。Ⅲ：奈良時代の724年，現在の宮城県に**多賀城**を設けた。多賀城には国府と鎮守府が置かれた。

問4　②…**X○**：9世紀，**公営田**は大宰府管内，**元慶官田**は畿内に設置された。**Y×**：記録荘園券契所〔記録所〕は後三条天皇が1069年（11世紀後半）の延久の荘園整理令にともない設置。10世紀は，醍醐天皇の延喜の荘園整理令。

問5　③…①○：902年が最後の**班田収授**で，同年に醍醐天皇が延喜の荘園整理令を発令。②○：**負名**体制という。③×：**輸租田**の初期荘園は8〜9世紀に開発され10世紀には衰退した。④○：国司は徴税の請負人と化した。

問6　③…Ⅰ：792年，桓武天皇の**健児制**により徴兵から募兵に転じた。Ⅱ：**大宝令**は文武天皇の時代の701年に制定・施行，律は702年に施行。Ⅲ：受領の藤原元命を訴えた「**尾張国郡司百姓等解**」は988年である。

問7　②…**ア**―凌雲集：勅撰漢詩集は3つ。『**凌雲集**』『**文華秀麗集**』（嵯峨天皇の命），『**経国集**』（淳和天皇の命）。『**風土記**』は奈良時代（713年）に編集を命じた地誌。**常陸**・**出雲**・**播磨**・**豊後**・**肥前**が現存する。**イ**―格式：律令の修正・加筆は**格**，施行細則を**式**という。三代格式は嵯峨天皇の『**弘仁格**

式』，清和天皇の『**貞観格式**』，醍醐天皇の『**延喜格式**』を指す。なお，9世紀の養老令の官撰注釈書は『**令義解**』，私撰注釈書は『**令集解**』である。

問8 ③…①○：**大極殿**では即位式や元日儀式などの国家儀式が行われた。②○：**太政官**のもとに八省を配置。八省は中務省・式部省・治部省・民部省・兵部省・刑部省・大蔵省・宮内省を指す。③×：**検非違使**は9世紀初めに嵯峨天皇が設けた令外官。**滝口の武士**〔**武者**〕は9世紀末に置かれた。なお，白河上皇の時代の**北面の武士**，後鳥羽上皇の時代の**西面の武士**と混同しないこと。④○：**真言宗**とのちの**天台宗**が該当する。

問9 ③…**X—b円珍**：円珍は**園城寺**〔**三井寺**〕で**寺門派**，円仁は延暦寺で**山門派**を形成した天台僧。**玄昉**は奈良時代に橘諸兄政権で活躍した**法相宗**（**南都六宗**）の僧侶である。**Y—c『往生要集』**：源信〔**恵心僧都**〕の著書。『**日本往生極楽記**』は慶滋保胤による10世紀の往生伝。

問10 ③…**ア—大学別曹**：藤原氏の**勧学院**，在原氏の**奨学院**，和気氏の**弘文院**，橘氏の**学館院**など。なお，**芸亭**は石上宅嗣が8世紀の奈良時代に設けた私設の図書館。混同に注意。**イ—空海**：真言宗の**空海**〔**弘法大師**〕は**綜芸種智院**を9世紀に創設。**最澄**〔**伝教大師**〕は天台宗である。

さらに 正誤問題に挑戦！

共通テストの成否を決める正誤問題で確認しよう。

1．平安時代には，輸入品が唐物として珍重されるようになった。

2．国政は，太政大臣・左大臣・右大臣・大納言などの会議で審議された。

3．唐に渡った僧侶の空海は，園城寺を開いた。

4．格式の編纂は，9世紀に作られた貞観格式が最後になった。

5．9世紀には，漢文学がさかんで，高度な漢詩文が作られるようになった。

6．六国史は，中国の史書に倣い，編年体で記された。

7．六国史の最後となったのは，『日本三代実録』である。

1．正　　　　　　2．正　　　　　　3．誤（×園城寺→○金剛峯寺）

4．誤（×9世紀に作られた貞観格式→○10世紀に作られた延喜格式）

5．正（『凌雲集』など勅撰漢詩集3つ）　6．正（漢文・編年体）

7．正（10世紀。三代は清和・陽成・光孝天皇を指す）

> 問1 ⑤　　問2 ②　　問3 ⑤　　問4 ①　　問5 ②　　問6 ②

解説　問1　⑤…Ⅰ：左大臣 源 高明 が左遷された969年の**安和の変**以降，藤原氏の摂関は常置となった。Ⅱ：1086年の**白河上皇**の**院政**開始により，院庁下文や院宣が効力をもつようになった。Ⅲ：810年の**平城太上天皇の変**〔薬子の変〕の際，嵯峨天皇が藤原冬嗣らを令外官である**蔵人頭**に任命した。

問2　②…a○：6年のち4年の任期で派遣。総合行政官として**四等官（守・介・掾・目）**で職務と責任を分担した。b×：**庸**は中央政府の財源。国司の権限下の労役は**雑徭**。c×：**遙任**が正しい。**在庁官人**は国衙に仕えた地方出身者。d○：**目代**が受領の赴任しない国衙（**留守所**）を統治した。

問3　⑤…Ⅰ：**平 将門の乱**は10世紀（939〜40年）。Ⅱ：**平氏政権**の成立は12世紀。Ⅲ：直営方式の**公営田**（823年）や**元慶官田**（879年）は9世紀。

問4　①…**X―a** 唐：唐は907年に滅亡。北宋は10世紀に成立し，南宋は13世紀に滅亡した。**Y―c** 渤海：渤海は926年，**百済**は660年に滅亡した。

問5　②…Ⅰ：8世紀。奈良時代の743年に聖武天皇（**橘 諸兄政権**）が発した。**初期荘園**が広がる契機となったが，一方で政府による**墾田**の把握，つまり土地支配の強化にもつながった。Ⅱ：11世紀。1069年に**後三条天皇**が実施した**延久の荘園整理令**が該当する。太政官に設けた**記録荘園券契所（記録所）**には学者の大江匡房など藤原氏ではない人物も登用し，従来は国司に委ねていた荘園に関する書類（券契）の確認を実施した。Ⅲ：10世紀。930年代に東国では桓武平氏の**平将門**が国府を攻めて**新皇**と称したが，一族の**平貞盛**や藤原秀郷らによって討たれた（**平将門の乱**）。同時期に西国では伊予国の下級国司を務めた藤原純友が公然と反乱を起こしたが，源経基によって討たれた（**藤原純友の乱**）。武士が反乱を起こし，鎮圧を任されたのも武士階級であった。これらをまとめて**天慶の乱**ともよぶ。

問6　②…Ⅰ・Ⅱとも資料の読解が必要である。Ⅰ：左大臣・右大臣・参議のうち下位の参議（藤原行成）から発言している。**参議**の位階は正四位，左大臣と右大臣は正二位。**公卿**の公は太政大臣，左大臣，右大臣，卿は大納言，中納言などの正三位以上と四位の参議を指す。なお，参議藤原行成は藤原佐

理・小野道風とともに三跡〔蹟〕とよばれた国風文化の時代の和風〔和様〕書家の一人である。Ⅱ：資料（会議の概要）に「天皇に奏上され，申請の諾否が決められた」とあるので，最終的には天皇の裁可を得ていることがわかる。

さらに　正誤問題に挑戦！

共通テストの成否を決める正誤問題で確認しよう。

1．平安時代には，源経基が海賊らを率いて反乱を起こした。

2．8～9世紀にあった郡家（郡衙）は，10世紀後半ころにはほとんどが衰退・消滅していた。

3．9世紀初頭，鑑真が唐から渡来し戒律を伝えた。

4．平安時代には，束帯や衣冠が宮廷女性の正装となった。

5．平安貴族の住宅では，金地に緑・青などを使う濃絵の屏風が使われた。

6．空海は，唐に渡った経験はないものの，唐風の書の名手であった。

7．最澄の弟子円珍は，唐から帰国後，真言宗の密教化を進めた。

8．10世紀半ば，空也が京で浄土教を説いた。

9．平安時代後期に，『大鏡』は摂関家を中心とする歴史を和文体で描いた。

10．源頼信が，関東地方で起こった平忠常の乱を鎮圧した。

11．源頼義が，前九年合戦に関東地方の武士を動員した。

12．源義朝が，京都での兵乱に東国の武士を動員した。

13．藤原頼長は源義朝と結んで平治の乱を起こしたが，平氏に討たれた。

1．誤（×源経基→○藤原純友。経基は鎮圧者）　　2．正

3．誤（×9世紀初頭→○8世紀中ごろ）

4．誤（女房装束，十二単。束帯，衣冠は男性）　　5．誤（濃絵は安土桃山時代）

6．誤（遣唐使とともに入唐している）　　7．誤（×真言宗→○天台宗）

8．正（市聖とよぶ）　　9．正

10．正（1028～31年）　　11．正（11世紀。子の義家も参戦）

12．正（12世紀の保元・平治の乱）

13．誤（×藤原頼長→○藤原信頼）

問1 ④　　**問2** (1)①　(2)①　　**問3** ⑤

解説　**問1**　④…a×：（注3）に「調・庸等を負担する人を課口といい」
とある。**史料**の**計帳**には「課口一人」とあるので，「調・庸を納めるのは5人」
は誤りであることがわかる。各国の特産物を都に納める調は良民男子で21
～60歳の**正丁**，61～65歳の**次丁**（老丁），17～20歳の**中男**（少丁）が対象で
あった。また，本来は年間10日間の都での労役の代わりに布を納める**庸**は，
良民男子の正丁と次丁が対象であった。やや細かい知識になるが，庸は京と
畿内（平安時代には大和・山城・河内・摂津・和泉）は免除されたが，**史料**
の計帳には「**下野国**」（栃木県）とあるので該当しない。この結果，調・庸
を納めるのは47歳の良民男子「伊賀麻呂」1人のみであることがわかる。調・
庸はいずれも中央税で**運脚**が運ぶこともあり，男子の負担は重く**偽籍**や**逃亡**
の原因にもなった。b○：**班田収授**の台帳である**戸籍**は6年ごと，調・庸の
徴税台帳である計帳は年齢により量が異なるため毎年作成した。**史料**にも「去
年の計帳…」「今年の計帳…」というかたちで課税対象者数が示されている
ので正しいと判断できる。c×：2人の奴婢が「和銅七年逃」と書かれてあり，
714年に逃亡しても733（天平5）年の計帳から削除されていないことがわ
かる。（注2）にも示されているが**奴**は男性，**婢**は女性の賤民（私奴婢）で
ある。d○：おもに顔にある黒子の位置で人物を特定していた。また，病気
や障害のある人は計帳に残疾と記された。

問2(1)　①…**X**○：冒頭の設問文に「具注暦は行政の現場で文書行政や徴税納
期の管理などに用いられた」とある。**史料1**にも「吉日時を択び」諸行事を
行うよう記されていることからも**X**は正しいことがわかる。**Y**○：冒頭の設
問文に「具注暦は……個人でも利用された……具注暦を入手し，それを利用
して日記を書き残す」とある。**史料2**にも「暦を見て日の吉凶を知る」とあ
るように，貴族の日常生活も具注暦の影響を受けていることが読みとれる。

(2)　①…a○：中国の**冊封**と同様，時の支配の象徴として暦の作成や改暦，**朝
貢**国への暦の授与があった。明治時代以降の**一世一元の制**も同様である。
b×：冒頭の設問文中の「下級官司や地方官衙などでも書き写して」から，

中央で**陰陽寮**が暦を作成していることがわかる。**c○**：貴族が具注暦を利用した日記に書き残すのは，**資料2**に「兼ねてもって用意せよ」とあるように年中行事の準備を怠らないためであった。**d×**：平安時代の貴族にとって，外出しない**物忌**や一旦異なる方角に赴く**方違**，穢の忌避は重要で，**陰陽師**を頼りにしていた。なお，本問題集では省略した文章Aに「10世紀になると陰陽師は，天皇や貴族たち個人の要請にも応え，事の吉凶を占ったり，呪術を施したりした」とある。歴史知識で解答可能であるが，設問文から解答が導ける読解問題でもあった。

問3 **⑤**…古代・中世・近世の関（関所）の特徴（機能の違い）を，資料の読解とともに求める問題。**資料Ⅲ**…奈良時代の764年，**恵美押勝**〔**藤原仲麻呂**〕の乱の際に，政府は**鈴鹿**（東海道の伊勢国）・**不破**（東山道の美濃国）・**愛発**（北陸道の越前国）の各関を閉じて（固関），反乱者などの東国への逃亡を防いだことを記している。これは関のもつ軍事的役割を示したものであるので，**Ⅲ―ア**の組合せが正しい。なお，三関の具体例を示す（注2）からも古代の関であることが読みとれる。**資料Ⅰ**…宝戒寺を知る必要はないが，「造営料所として……関所を寄進せらるる」とあるので，**道中奉行**が直轄した江戸時代の**五街道**の関所ではなく，寺院や神社，荘園領主などが関所を乱立した中世であることが想起できる。通過時に**関銭**（通行料）として人は三文，馬は五文を支払うと**資料Ⅰ**にあるので，経済的機能を果たしている中世の関所であることが確定し，**Ⅰ―イ**の組合せが正しい。なお，関所と同様に港では**津料**を徴収した。**資料Ⅱ**…資料の内容から「入鉄砲に出女」を想起できたかが問われている。江戸時代の東海道の**新居・箱根**，中山道の**木曽福島・碓氷**，奥州道中の**栗橋**，甲州道中の**小仏**などの関所では，特に江戸への軍事物資の移動，および江戸に人質として置かれていた諸藩（大名）の妻の帰国を取り締まる治安維持（警察的機能）を果たしたことから，**Ⅱ―ウ**の組合せが正しい。

7 ▶ 院政期～鎌倉時代1

問題：本冊 p.46

問1 ④	問2 ②	問3 ②	問4 ①	問5 ①	問6 ②
問7 ②	問8 ②	問9 ①	問10 ④	問11 ④	問12 ②
問13 ④					

解説

問1 ④…①×：1156年の**保元の乱**は兄**崇徳上皇**と弟**後白河天皇**の対立。②×：後白河上皇が正しい。源平の争乱終結は1185年。**後鳥羽上皇**の院政開始は1198年。③×：『**平家物語**』が正しい。『**太平記**』は鎌倉時代末期から南北朝期の軍記物語。④○：**源頼朝**は1183年の**寿永二年十月宣旨**で東海・東山道の沙汰（支配）権を公認された。

問2 ②…①○：1185年に後白河法皇から公認された。②×：**六波羅探題**の設置は**承久の乱**後の1221年。1199年没の源頼朝が置いたのは京都守護。③○：**侍所別当**は**和田義盛**，公文所（1191年に**政所**）別当は**大江広元**，問注所執事は**三善康信**。④○：1185年，**壇の浦の戦い**で平氏が滅亡した。

問3 ②…X○：源頼朝の知行国を**関東知行国**〔**関東御分国**〕とよぶ。Y×：**京都大番役**は内裏・院の御所の警護。将軍御所の警護は**鎌倉番役**。守護の権限を示す**大犯三カ条**は，**大番催促・謀叛人逮捕・殺害人逮捕**を指す。

問4 ①…X○：**比企能員**の乱後，1203年に**北条時政**が伊豆修禅寺に幽閉。Y○：1213年の**和田合戦**で侍所別当の**和田義盛**を倒し**北条義時**が兼任した。

問5 ①…X—a『**方丈記**』：無常観で貫かれた随筆から**鴨長明**の『**方丈記**』と判断する。『平家物語』は軍記物語。14世紀の**兼好法師**の『**徒然草**』と混同しないこと。Y—c**大唐米**：鎌倉時代に中国から入ってきた東南アジア産の多収穫米。**荏胡麻**は中世には灯明油で用いられた畑作物。畿内では大山崎の油神人（油座）が仕入れや販売を独占した。

問6 ②…X○：**神仏習合**の院政期，**延暦寺**の僧兵（山法師）は日吉神社の神輿，**興福寺**の僧兵（奈良法師）は春日大社の神木を奉じて強訴した。Y×：白河上皇の**北面の武士**となった**平正盛**は強訴を阻止し平氏発展の基礎となった。

問7 ②…a○：1221年の承久の乱後に設置。初代は**北条泰時・時房**。b×：正中の変ではなく承久の乱。1324年の**正中の変**は後醍醐天皇の討幕計画で**日野資朝**が配流された。c×：1247年の**宝治合戦**で，**三浦泰村**が排された。

d○：1333年，**新田義貞**は鎌倉，**足利高氏**〔**尊氏**〕は六波羅探題を攻めた。

問8　②…②×：白河上皇の**法勝寺**などの六勝寺は院政期に京都に造営された。①○：平清盛の祖父**正盛**（伊勢平氏）が，白河上皇の**北面の武士**に就任した。③○：院政期の上皇は熊野や高野山を頻繁に詣でた。④○：**京都大番役や鎌倉番役は御家人の平時の軍役。本領安堵や新恩給与などの御恩に対する奉公**であった。

問9　①…Ⅰ：平氏の**日宋貿易**は平安時代末（12世紀）。Ⅱ：**建長寺船**は1325年，**天龍寺船**は1342年（14世紀），いずれも**元**へ派遣された。Ⅲ：良銭とされた**明銭**と国内外で鋳造された**私鋳銭**が混在し，悪銭を拒み，良銭を選ぶ**撰銭**行為が行われたのは戦国時代（16世紀）である。

問10　④…ア―**中尊寺金色堂**：白水〔**願成寺**〕**阿弥陀堂**は福島県いわき市。**イ**―**得宗**：北条氏の惣領家で，北条義時・泰時・経時・時頼・時宗・貞時・高時を指す。**別当**は鎌倉幕府の侍所・公文所（政所）の長官職を指す。

問11　④…a×・b○：**俸禄米**の支給は，江戸時代の旗本・御家人や藩士にみられる。中世の封建制度は土地を媒介とし，**御恩には本領安堵**と主に地頭職に補任する**新恩給与**がある。c×・d○：御家人に対し，御恩に見合う**奉公**（軍役・番役）を求め，一族内では惣領，国内では**守護**がとりまとめた。

問12　②…X○：歌謡では平安時代の**今様**を集めた後白河法皇の『**梁塵秘抄**』と，室町時代の**小歌**の歌集である『**閑吟集**』を混同しないこと。Y×：**田楽**は農村での田植えや神事の際の芸能で，のちに都市でも流行した。

問13　④…④○：解答は鎌倉時代前後であるが，選択肢は江戸時代まで含み，俯瞰的な視点を必要とする。10〜14世紀，宋や元との正式な国交はなかったが，はじめは**博多**，平氏政権では**大輪田泊**に宋商船の来日は続き，唐物や宋銭が流通した。一方，鎌倉幕府は**建長寺船**，室町幕府も**天龍寺船**をともに元に派遣した。①×：「海外渡航許可書を持った貿易船」が，豊臣秀吉政権〜徳川家光までの**朱印船貿易**を指すことに気づいたかが問われた。1635年の日本人の出入国禁止により中絶した。②×：15〜16世紀の**明**との国交を指す。また，7〜9世紀の遣唐使でも通用する。③×：17世紀以降のオランダとの貿易を指す。江戸時代に長崎を訪れたオランダ，清ともに19世紀まで国交はない。

問1 ④　　問2 ②　　問3 ①　　問4 ①　　問5 ④　　問6 ④

問7 ①

解説 問1 ④…①×：平時は地頭などとして所領に館を構え，治安の維持と佃・門田など直営地での生産活動に従事した。②×：惣領制のもと，はじめ分割相続であったが，相続進行による所領の細分化もあり，鎌倉時代末期から嫡子単独相続が広がった。③×：惣領制が正しい。寄親・寄子制は戦国時代の武士団の擬似的な上下関係。④○：鎌倉時代の武芸の鍛錬である笠懸・流鏑馬・犬追物を騎射三物という。

問2 ②…Ⅰ：六波羅探題の設置は1221年。北条泰時と北条時房が初代の六波羅探題。Ⅱ：持明院統と大覚寺統への両統迭立の和解案（文保の和談）の提案は1317年。Ⅲ：北条時頼が宗尊親王を6代将軍として迎えたのは1252年。皇族将軍（親王将軍・宮将軍）は，惟康・久明・守邦親王までの4代。

問3 ①…①○：荘園領主は財産保全のため，貨幣価値が下落した古代には現物納，輸入銭による貨幣の質・量がある程度安定した鎌倉時代には銭納を求めた（代銭納）。②×：鎌倉・室町時代，朝廷も幕府も貨幣を鋳造していない。一方，江戸幕府は17世紀以降，寛永通宝などの銭貨を鋳造し，輸入銭の通用を禁じた。③×：撰銭令を出すのは室町時代。④×：「銭の代わりに為替」が正しい。為替は手数料を考えても銭より安全な年貢の輸送方法であった。

問4 ①…①○：悪党は鎌倉時代から南北朝時代に台頭した幕府や荘園領主の指示に従わない勢力。②×：鉄砲伝来は16世紀（1540年代）。③×：大原女や桂女は室町時代の京都で活躍した女性の行商人。④×：問〔問丸〕が正しい。借上は鎌倉時代の高利貸。室町時代の高利貸は酒屋・土倉・寺院。

問5 ④…①×：重源が正しい。空也は10世紀に京で浄土教を広めた。②×：棟別銭は室町幕府が家屋（棟）に対して課した税。③×：東大寺南大門は平重衡による1180年の南都焼打ちで焼失後，1199年に重源が採用した宋の新しい建築様式（大仏様）で再建された。④○：運慶や子の湛慶・康弁・康勝，運慶の父の弟子の快慶らは慶派とよばれる。

問6 ④…①×：北条義時は2代執権。金沢文庫は金沢（北条）実時が設置。

②×：**唯一神道**は室町時代，京都吉田神社の神官**吉田兼俱**が唱えた。度会家行は神本仏迹説の**伊勢神道**を唱えた。③×：「**南無阿弥陀仏**」は**念仏**。日蓮は**法華経**を絶対視し，**題目**（「**南無妙法蓮華経**」）を重視した。④○：『**平家物語**』は鎌倉時代の軍記物語。作者は信濃前司行長とされる。

問7　①…「**道理の推すところ**」は鎌倉時代の御家人社会で合意されて浸透していた慣習を指す。**b**の多数決については資料で触れていない。「**権門を恐れず**」は身分が上であっても忖度しないことを指す。**御成敗式目**では女性の相続権（女性の地頭職）や理由を問わず20年で所有権が確定する**知行年紀法**など，律令の規定にはない武家社会独特のルールも多く，一方で律令を否定するものでもなかったので，**d**は誤りである。

さらに　正誤問題に挑戦！

共通テストの成否を決める正誤問題で確認しよう。

1．御成敗式目は，源頼朝以来の先例や，当時の武士たちの間で重視されていた道理にもとづいて制定された。

2．御成敗式目は，律令や公家法を否定すべきものとして制定された。

3．鎌倉時代の武士は，佃・門田などとよばれる直営地を持ち，隷属する下人や所領内の農民を使って耕作させた。

4．将軍の源頼家は万葉調の和歌を詠み，『金槐和歌集』を残した。

5．禅宗様という建築手法によって，円覚寺舎利殿が建てられた。

6．鎌倉時代には，平曲の伴奏に三味線が使われた。

7．鎌倉時代，律宗の僧侶は五山版とよばれる漢詩文集，仏典などを刊行した。

8．中国から帰国した栄西が，禅宗の一派である臨済宗を伝えた。

9．中国から渡来した蘭渓道隆が，北条時頼の帰依を得て建長寺を開いた。

10．絵画の分野では，禅宗の高僧の肖像を描く濃絵もみられるようになった。

1．正（1232年。北条泰時）　　2．誤（本所法や公家法は有効）
3．正（隷属民は下人・所従）　　4．誤（×源頼家→○源実朝）
5．正　　　　　　　　　　　　　6．誤（×三味線→○琵琶）
7．誤（室町時代・臨済宗）　　　8．正（道元は曹洞宗）
9．正（無学祖元は円覚寺）　　　10．誤（×濃絵は安土桃山時代→○頂相）

問題：本冊 p.53

問1 ②	問2 ③	問3 ④	問4 ①	問5 ④	問6 ②
問7 ④	問8 ③	問9 ④	問10 ②	問11 ③	問12 ④
問13 ③					

解説

問1 ②…**ア―護良親王**：宗尊親王は1252年に鎌倉幕府6代将軍となった皇族〔親王・宮〕将軍（全4代）。なお，**摂家〔藤原〕将軍**は藤原〔九条〕頼経・頼嗣の2代。**イ―長崎高資**：高師直は足利尊氏の執事で観応の擾乱で足利直義と対立し1351年に死去した。鎌倉幕府の**内管領**では，北条貞時の時代の**平頼綱**と14世紀前半の長崎高資を混同しないこと。

問2 ③…①○：建武の新政では中央に**記録所・雑訴決断所・恩賞方・武者所**を設置。②○：後醍醐天皇は1324年の**正中の変**では難を逃れたが，1331年の**元弘の変**で隠岐に配流された。隠岐には**承久の乱**で後鳥羽上皇も配流された。③×：後醍醐天皇の有職故実書は『**建武年中行事**』。『**職原抄**』は北畠親房。④○：**綸旨**の絶対視が政務や訴訟の停滞と混乱を生んだ。

問3 ④…**ア―綸旨**：天皇への権力集中を図る後醍醐天皇は院政も停止したので**院宣**は誤り。天皇の綸旨を絶対視した。**イ―『神皇正統記』**：『**梅松論**』は足利政権（北朝）の成立過程を描いた。『神皇正統記』は南朝側の立場。

問4 ①…Ⅰ：鎌倉幕府の**建長寺船**は1325年，室町幕府の**天龍寺船**は1342年，いずれも**元**に派遣された。Ⅱ：**雑訴決断所**は後醍醐天皇の**建武の新政**で土地訴訟などを担当した。Ⅲ：**北畠親房**が南朝の正統性を説いた『**神皇正統記**』は，建武の新政が崩壊した後，南北朝の動乱中（1339年）に成立した。

問5 ④…**X―b半済令**：足利尊氏は1352年に限り，尾張・美濃・近江で守護に徴収を認めた。**分国法**は戦国大名が支配地域で発令したもの。**Y―d懐良親王**：後醍醐天皇の子で南朝の征西将軍。**今川了俊**が幕府の**九州探題**に就任すると勢力が衰えた。**以仁王**は治承・寿永の内乱時，平氏打倒で挙兵した。

問6 ②…①○：1392年に北朝が南朝を吸収する形で南北朝は統一された。②×：初代**鎌倉公方**の足利**基氏**は足利尊氏の子。③○：1391年の**明徳の乱**で**山名氏清**，1399年の**応永の乱**で**大内義弘**を滅ぼした。幕府の直轄軍の**奉公衆**が活躍した。④○：1378年から，**花の御所〔室町殿〕**で政治を執った。

問7 ④…Ⅰ：1467～77年の応仁の乱。Ⅱ：1399年の応永の乱。Ⅲ：1441年，6代将軍足利義教が播磨国守護の赤松満祐に殺害された嘉吉の変を指す。

問8 ③…①×：守護が得たのは刈田狼藉を取り締まる権利。②×：『太平記』が正しい。『増鏡』は鎌倉時代についての歴史書。③○：近江坂本の馬借の蜂起に起因。④×：1441年，足利義教は嘉吉の変で赤松満祐に殺された。

問9 ④…Ⅰ：4代将軍足利義持の日明貿易中断は1411年，6代将軍義教の貿易再開は1432年。Ⅱ：倭寇の取り締まりの要求は日明貿易以前で，明建国後の1369年，太祖洪武帝〔朱元璋〕による。懐良親王は後醍醐天皇の子で征西将軍。Ⅲ：「源道義」は1401年に明に使者を送った足利義満を指す。

問10 ②…ア—応永の外寇：刀伊の入寇は1019年に女真族〔刀伊〕が九州を襲い，藤原隆家らの在地武士団が撃退した事件。イ—宗氏：対馬の領主は宗氏。尚氏は琉球を統一した尚巴志，最後の国王尚泰などの琉球王国の国王。

問11 ③…①○：海禁政策により中国人の出国は制限され，明への入国は国王の朝貢のみとされた。②○：1392年に建国，1910年に日本が併合した。③×：14世紀，鎌倉幕府が派遣した建長寺船，足利尊氏が派遣した天龍寺船の派遣先はいずれも元である。④○：1350～52年の観応の擾乱を指す。足利尊氏の執事高師直も殺害された。

問12 ④…①×：天皇ではなく足利義満が「日本国王源道義」とされた。②×：日明貿易は1411年に足利義持が中断し，1432年に足利義教が再開した。③×：15世紀なので琉球王国が正しい。ポルトガル船の来日は16世紀以降。④○：三浦の乱は1510年に起きた。なお，日朝貿易では木綿が輸入され，江戸時代には庶民衣料の原料が従来の麻から木綿へと変化した。これは木綿の丈夫さ，吸水性，保温性，染めやすさなどによる。江戸時代には阿波の藍，出羽の紅花など染料に関する商品作物が栽培された。

問13 ③…X—b油座：石清水八幡宮を本所とする大山崎の油神人〔油座〕が油の販売や原料の荏胡麻の仕入れを独占した。綿座の本所は祇園社。Y—c撰銭：撰銭は主に貨幣の受け取りに制限を設ける行為。市場から悪貨が駆逐されて経済活動が停滞するため，幕府や戦国大名は撰銭令を出して通用を保証した。分一銭は徳政（債務破棄）の際に債務額の10分の1などの一定額を室町幕府に納めさせたもの。高利貸の債権保護でも納入させた。

問1 ④	問2 ④	問3 ①	問4 ③	問5 ③	問6 ③

解説　**問1**　④…**a** × ・**b** ○：史料の読みとりが求められている。**洪武銭（通宝）**が，**史料1**では使用を奨励，**史料2**では撰銭の対象とされ，銭の種類は一致していない。**c** × ・**d** ○：**永楽通宝**は良銭と思いがちだが，**史料1**では「取引に使用しなさい」，**史料2**では「排除してはならない」（撰銭禁止）との指示があるので，実際には市中での需要（信用）が低く，法令で流通を促進する必要があったとわかる。禁制（禁止令）は，実際にはそれが起きているから発令するものである。

問2　④… Ⅰ：14世紀前半。**後醍醐天皇**が建武の新政で皇子**義良親王**を配した。成良親王を配した**鎌倉将軍府**と混同しないこと。Ⅱ：11世紀。安倍頼時を滅ぼした**前九年合戦**のこと。Ⅲ：12世紀。**後三年合戦**後に力をもち，源頼朝により1189年に滅ぼされた奥州藤原氏の100年の歴史から建立時期を考える。

問3　①…中世には大寺社の保護・特権を得た**神人**や，天皇家に属した**供御人**とよばれる特権商人（座の構成員）がすでに存在したが，この資料から読みとることはできない。②為替については「替銭，**割符**」，③委託・運送業者については「**問丸**」，④水上・陸上交通については「**船頭，刀禰，馬借，車借**」が資料に出ている。なお，資料にはない**梶取**も中世の水運業者である。

問4　③…**X** ×：二毛作は鎌倉時代の西国，三毛作も室町時代の畿内などで見られるが，干鰯・油粕・〆粕など**購入肥料〔金肥〕**の使用は江戸時代である。中世では生産性向上のため，**刈敷・草木灰**に加えて室町時代からは人糞・牛馬糞などの**下肥**が用いられた（自給肥料）。**Y** ○：中世では鉄製農具，**牛馬耕**，休耕田の導入，刈敷・草木灰・下肥の施肥に加えて，多収穫米である**大唐米**の輸入や早稲・中稲・晩稲とよばれる水稲の品種改良などが，生産性の向上と労働集約化につながった。

問5　③…**X**：中世後期の15世紀を「政治的に不安定な時代」と評価した場合の根拠を求める新傾向の問題であるが，問われているのは歴史的事実である。**a** ×：**南北朝時代**は1336〜92年，「その一方の内紛」は北朝側の足利尊氏と直義，高師直らによる**観応の擾乱**（1350〜52年）を指し，いずれも14世紀

の出来事である。**b○**：1467〜77年の**応仁の乱**を指す。地方の「新たな政治権力」は**山城の国一揆**や**加賀の一向一揆**などを指し，**惣村や町での自治**（**堺**の**会合衆**，博多の**年行司**，京の**町衆**）も含めて15世紀に該当する。**Y**：「民衆が成長した発展の時代」と評価した場合の根拠を求めている。**c○**：惣村は寄合を通して一揆を結び，周囲の戦闘への参加も自治的に行っていた。このような**自力救済行為**が否定されるのは豊臣秀吉以降（16世紀）なので，15世紀の説明として正しい。**d×**：村が書籍を収集して儒学や農学などの実学がさかんになるのは江戸時代の特に18世紀後半以降である。

問6　③…③○：芸能で奉仕する室町将軍の**同朋衆**となり，父**観阿弥**と能の発展に貢献。**観世座**（はじめ結崎座）は宝生・金春・金剛座とともに，興福寺・春日大社に奉仕した**大和四座**に属した。**①×：二条良基**は『**応安新式**』・『**菟玖波集**』で和歌の余興であった連歌を芸術へと確立させた南北朝時代の貴族。二条・一条・九条・近衛・鷹司は藤原北家の**五摂家**。俳諧連歌の祖は戦国時代の連歌師で『**犬筑波集**』を編んだ（山崎）**宗鑑**。②×：大和絵ではなく墨一色で描く**水墨画**。雪舟の作品に「四季山水長巻」「天橋立図」がある。④×：**村田珠光・武野紹鷗・千利休**を通して閑寂な**侘茶**が大成された。

さらに　正誤問題に挑戦！

共通テストの成否を決める正誤問題で確認しよう。

1．室町時代には，主要な港で幕府や寺社などが津料を徴収した。

2．中世の那覇港には，日本・中国・東南アジアの船が出入りしていた。

3．中世の陸上輸送では馬借や車借といった業者が活躍した。

4．村田珠光は，喫茶に禅の精神を取り入れて，侘茶を創出した。

5．大徳寺大仙院庭園など，禅の精神にもとづく枯山水の庭園が造られた。

6．禅僧雪舟は，水墨画と大和絵を融合させた濃絵の手法で作品を描いた。

7．明から帰国した如拙は「四季山水図（山水長巻）」や「天橋立図」などを描き，水墨画に新たな世界を開いた。

1．正（関所では関銭を徴収した）　　2．正（中継貿易港。王宮は首里）

3．正　　　　　　　　　　　　　　　4．正（武野紹鷗，千利休へ続く）

5．正（龍安寺石庭も枯山水）　　　　6．誤（水墨画。濃絵は金碧濃彩画）

7．誤（×如拙→○雪舟。如拙は「瓢鮎図」）

問1 ①　問2 ④　問3 ③　問4 ②　問5 ④

解説 問1 ①…**ア―僧兵**：中世社会における諸権力とその対立，紛争の解決方法について，**前後の時代との連続性や関係性**が問われている。**天台宗延暦寺**の僧兵が正しい。**法華宗徒**は，戦国時代の京都の町衆を主体とした日蓮宗徒を指す。**法華一揆**を結ぶも，1536年に延暦寺の僧兵に敗れた（**天文法華の乱**）。**イ―鎮護国家**：会話文の「国家の安泰を祈る」「古代との連続性を感じる」から，古代以来の鎮護国家とわかる。立正安国は鎌倉時代になって日蓮が『立正安国論』で唱えた。

問2 ④…**あ×・い○**：1232年制定の**御成敗式目**は初の武家法。資料2から**律令**では認められないが，武家社会では認める内容があり，資料3には御成敗式目は律令の規定などに影響を与えないとあるので，「朝廷が定めていた法とは異なる内容」が含まれた。**う×・え○**：資料2から律令と異なり，御家人社会では女性の相続権（地頭職）を認めることが読みとれる。

問3 ③…**③×**：資料3から京都の律令に基づく裁判に影響を与えないことを読みとる。**①○・②○**：平氏も源氏も僧兵対策で朝廷に奉仕した。**後鳥羽上皇**が設けた**西面の武士**や古代以来の**滝口の武者**など，院や朝廷は武士団を私的に奉仕させたので，鎌倉幕府（将軍）と主従関係のない**非御家人**や寺院が擁する僧兵は多数存在した。**④○**：**地頭**の任免権は幕府にあるので，荘園領主は幕府の**問注所**に提訴した。その際には**下地中分**などの和解もみられた。

問4 ②…**あ○**：**山城の国一揆**（1485年〜）を想起する。守護に対抗する**国人層**も多かった。**い×**：資料4の「賛同者の多い意見によって取り計らう」から年長者優先ではなく，多数決の原則がわかる。**う×**：資料4から裁判での自主解決を基本としていることがわかる。**え○**：血縁や知人という人間関係よりも，「道理・非儀についての意見を率直に述べるべき」から判断する。

問5 ④…**④×**：**豊臣秀吉**は外国人宣教師を追放したが，**南蛮貿易**は継続した。**織田信長**や秀吉は禁教令を発令せず，連続性は見られない。**①○**：**分国法**を指す。私闘の禁止は会話文にある。**②○**：鉱山開発や治水がある。**③○**：延暦寺の焼打ちや**石山本願寺**との石山合戦，一向一揆の鎮圧から判断する。

11 ▷ 織豊政権

問題：本冊 p.65

> 問1 ③ 問2 ④ 問3 ③ 問4 ③ 問5 ③ 問6 ⑤

解説 **問1** ③…①○：織田信長は1576年に**安土城**の築城を開始した。安土城は1582年の本能寺の変後に焼失した。②○：1570〜80年の顕如が率いる浄土真宗本願寺派と織田信長との**石山戦争**〔石山合戦〕後に焼失した**石山本願寺**の跡地には，豊臣〔羽柴〕秀吉により大坂城が築かれた。つまり**寺内町**の石山はのちの城下町大坂である。③×：伊勢国の**大湊**や**桑名**は港町，**宇治**（内宮）・**山田**（外宮）はともに伊勢神宮の**門前町**。④○：浄土真宗の寺内町には**山科・石山・吉崎・金沢・富田林・今井**などがある。門前町と寺内町を区別する。

問2 ④…①○：**喧嘩両成敗法**は武力による紛争解決（**自力救済**）の禁止で，すべての争い事の裁定を大名に委ねさせた。②○：戦国大名の検地は**指出検地**ともよばれる。③○：**織田信長**は1577年，城下町の安土にも**楽市令**を発した。④×：豊臣秀吉の**太閤検地**では，**検地尺**や**京枡**の統一使用により単位（度量衡）を統一した。

問3 ③…①×：1588年に**後陽成天皇**を聚楽第に招いたのは**豊臣秀吉**である。②×：**東市・西市**は，平城京や平安京に設けられた公設市で市司が管理した。③○：自治町では京の**町衆**，堺の**会合衆**，博多の**年行司**が有名。④×：**花の御所**は14世紀の**足利義満**の邸宅。設問文にある「戦国時代から安土桃山時代にかけての京都」とは時代が合わない。

問4 ③…①○：保護と統制を与えた。②○：のちに**教派神道**とよばれる江戸時代の黒住宗忠の**黒住教**・中山みきの**天理教**・川手文治郎の**金光教**などがある。③×：1614年の**方広寺の鐘銘事件**により**大坂冬の陣**が起きた。なお，大坂夏の陣は1615年である。禁教令は，方広寺の鐘銘事件より早く，幕領には1612年，全国には1613年に出された。④○：**有馬晴信・大村純忠・大友義鎮**〔宗麟〕は，1582年に伊東マンショ・千々石ミゲル・中浦ジュリアン・原マルチノらの**天正遣欧使節**を派遣したキリシタン大名である。

問5 ③…③○：資料から読みとった情報を図示するという，共通テストに特徴的な出題方式である。資料から堺が自治権を得た町で，資料で「ベニス市

における執政官のような存在」とある会合衆とよばれる代表は，参政権をもつ町衆から選ばれていることを読みとる。つまり，会合衆と町衆の関係は「支配」ではなく「代表」である。堺は**会合衆**，博多は**年行司**，京は**町衆**による自治が行われていた。資料中の「命令者よりも執政官の意見によって治められている」から，大名（細川氏）と堺の関係は「支配」ではなく「自立」と読みとる。

問6　⑤…Ⅰ：16世紀前半。種子島時堯が**後期倭寇**船に同乗したと思われるポルトガル人から鉄砲（火縄銃）を購入したのは1540年代。その後，和泉**堺**・近江**国友**・紀伊**根来**などで国産された。Ⅱ：16世紀末。豊臣秀吉の**文禄の役**は1592〜93年，**慶長の役**は1597〜98年であった。朝鮮陶工による焼き物として**萩焼・薩摩焼・有田焼（伊万里焼）・唐津焼**などがある。朝鮮出兵より前の，中世以来の**備前焼**や**瀬戸焼**と区別する。Ⅲ：12世紀末。勧進上人の**重源**や陳和卿により，平家（平重衡）の南都焼打ちで被害を受けた東大寺南大門は1199年に新しい建築様式である**大仏様**で再建された。

さらに　正誤問題に挑戦！

共通テストの成否を決める正誤問題で確認しよう。

1. キリスト教宣教師がもたらした活字印刷機で，キリシタン版（天草版）が出版された。

2. 南蛮人との交流を通して，その風俗が屏風に描かれるようになった。

3. 城郭内部の障壁画などに濃絵の手法が用いられた。

4. 小歌に節づけをした隆達節が庶民の人気を博した。

1．正（ヴァリニャーニによる）　　2．正（南蛮屏風）　　3．正　　4．正

問1 ④　問2 ④　問3 ④　問4 ⑤　問5 ②　問6 ③

解説 問1　④…①×：3代将軍の徳川家光以降に制度化された**参勤交代**は、御恩として与えた石高に見合う**軍役**の一つで江戸の防衛を担った。②×：大名の監察は**大目付**、旗本・御家人の監察は**目付**が担い、いずれも石高が1万石未満の**旗本**が就任した。③×：老中や若年寄、寺社奉行などには**譜代大名**、目付や町奉行、勘定奉行などには**旗本**が就任した。外様大名は武家諸法度に従い藩政（内政）を担った。④○：武家諸法度に違反した場合、大名は親藩・譜代・外様の別なく**改易**（とりつぶし）や**転封**などの処分を受けた。

問2　④…Ⅰ：**名主**（東北では**肝煎**・西国では**庄屋**）・**組頭**・**百姓代**は江戸時代の村政指導者（**村方三役**）で村請の責任者である。中世の惣村の指導者である**乙名**、**沙汰人**と混同しないこと。Ⅱ：鎌倉時代、在地の地頭が荘園領主への年貢納入を請け負った**地頭請所**を指す。Ⅲ：室町時代、**観応の半済令**（1352年）・**応安の半済令**（1368年）や**守護請**などを通して守護が荘園を侵略した。

問3　④…①×：**村請制**のもと、**本百姓**を中心に自治管理した。②×：苗字・帯刀は武士階級を指すので誤り。ただし、苗字・帯刀を許された名主は存在した。③×：かわた〔**長吏**〕ともよばれ、農業にも従事した。④○：百姓は**検地帳**に登録された**生産者階級**を指し、林業や狩猟に従事する山の民や漁業を営む海の民も生産者として検地帳に登録された。彼らは検地帳上の石高に年貢率を乗じて算出される年貢を、原則として米（現物）で納めた。

問4　⑤…ア：琉球。設問の絵図（『摂津名所図会』）が示す1796～98年当時、オランダ・清とは国交がなく、外交使節の来日は琉球と朝鮮のみであった。「中山王府」は琉球王国のこと。中山王**尚巴志**が山北・山南を滅ぼして1429年に琉球を統一した。イ：薩摩。1609年、幕府（徳川家康）の許可を得た薩摩藩の**島津家久**は出兵して琉球王国の都の**首里城**を占領、尚寧は降伏して薩摩藩の支配下に置かれた。その後、琉球からは徳川将軍の就任時には奉祝のための外交使節である**慶賀使**、琉球国王への就任を感謝する**謝恩使**が派遣された。なお、**朝鮮通信使**の来日や貿易船の釜山への入港など、朝鮮との仲介は**対馬藩**の宗氏が行った。なお、島津氏も宗氏も外様大名である。

問5　②…①×：1609年の己酉約条（きゆうやくじよう）は，幕府ではなく**対馬藩主の宗氏**と朝鮮王朝が締結した。日朝間の取引は対馬藩が出国して釜山の**倭館**（わかん）で実施した。②○：1609年，幕府の許可を得た薩摩藩の**島津家久**が琉球国王の**尚寧**を服属させた。この結果，琉球王国は日本（幕府）と中国〔明・清〕の二重の外交体制を保った。③×：朱印状を与えられたのは日本船。さらに，朱印船貿易は1635年の日本人の出入国禁止で終了した。日本は朝貢せず，中国から来航する民間船を長崎で受け入れた。④×：平戸のち長崎に滞在したオランダ**東インド会社**の日本支店長である**オランダ商館長**〔カピタン・甲比丹（カピタン）〕が提出する**オランダ風説書**（ふうせつがき）が正しい。カピタンは毎年，江戸に上って徳川将軍に拝謁（はいえつ）している。

問6　③…①×：**松前藩**のアイヌ交易独占権は江戸幕府から公認された。②×：松前藩は1669年の**シャクシャインの戦い**に勝利した。室町時代（むろまち）（1457年）の**コシャマインの蜂起**（ほうき）と混同しないこと。③○：江戸時代の蝦夷地では，はじめ**商場知行制**（あきないばちぎようせい）のちには**場所請負制度**（ばしょうけおいせいど）が採られた。④×：**改易**（かいえき）ではなく**転封**（てんぽう）が正しい。松前奉行は**箱館**（はこだて）（五稜郭（ごりようかく））ではなく**松前**に置かれた。

共通テストの成否を決める正誤問題で確認しよう。

1．徳川氏の一族の大名は関東地方のみに配置され，江戸の防衛をはかった。

2．渡航許可証である朱印状は，天皇から与えられた。

3．島原・天草一揆（島原の乱）で，一揆勢は原城跡に立てこもった。

4．幕府がキリシタン禁制の徹底を目的に本末制度を設け，寺院に檀家・檀徒であることを証明させた。

5．朝鮮から日本へ送られた使節は，謝恩使とよばれた。

1．誤（親藩は全国の要所に配置）　　2．誤（×天皇→○幕府（将軍））
3．正（1637〜38年）　　4．誤（×本末（ほんまつ）制度→○寺請（てらうけ）・寺檀（じだん）制度）
5．誤（×謝恩使は琉球使節→○通信使）

| 問1 ① | 問2 ③ | 問3 ③ | 問4 ③ | 問5 ④ | 問6 ① |
| 問7 ① | 問8 ② | 問9 ① | 問10 ③ | 問11 ③ | |

解説 **問1** ①…**ア―かぶき者**：異様な風体で秩序を乱す者（傾奇）。**無宿人**は都市の浮浪人。**イ―生類憐みの令**：**末期養子〔急養子〕**は従来禁止であったが，1651年の**由井〔比〕正雪の乱〔慶安の変〕**以降，4代将軍**徳川家綱**が50歳未満の若い大名に限り末期養子を緩和した。

問2 ③…**ア―慶賀使**：琉球王国から，徳川将軍の就任時には**慶賀使**，琉球国王の交代時には**謝恩使**が派遣された。**イ―徳川綱吉**：徳川家宣は6代将軍。

問3 ③…**X×**：6・7代将軍の**侍講**として**正徳の政治**を担った**新井白石**は，通信使の国書にあった「**日本国大君**」を，より対等を示す「**日本国王**」に改めさせた。なお，徳川吉宗が再び「**大君**」に戻した。**Y○**：新井白石が**伏見・桂〔京極〕・有栖川宮家**に加えて新たに**閑院宮家**を創設した。

問4 ③…**X―b備中鍬**：aは**犂（唐犂）**の説明。**Y―c千歯扱**：脱穀は**扱箸**から千歯扱にかわった。**d**は**千石簁**の説明で，いずれも江戸時代の農具である。

問5 ④…①×：富士川や賀茂〔鴨〕川の整備は**角倉了以**。末次平蔵は長崎の商人。両者は朱印船貿易にも従事した。**西廻り海運**など海運の整備は**河村瑞賢**。②×：**十組問屋**は江戸，大坂は**二十四組問屋**。大坂堂島に設けられた**米市場**は，徳川吉宗の享保期に公認。③×：**江戸地回り経済圏**の成立により，江戸時代後期には**野田**や**銚子**の醤油が流通し，上方からの「**下りもの**」は高級品に限られた。④○：蝦夷地産の**鰊**が原料の**〆粕**は，上方の綿作の**金肥**として需要があった。いりこやふかひれは清への貿易品（**俵物**）となった。

問6 ①…Ⅰ：**天草版〔キリシタン版〕**は16世紀以降の安土・桃山時代。Ⅱ：**井原西鶴**は江戸時代前期の元禄文化の浮世草子の作家。『**好色一代男**』『**日本永代蔵**』『**世間胸算用**』などを著した。Ⅲ：**喜多川歌麿**は寛政期（江戸時代後期）に活躍した浮世絵師で美人大首絵を開拓した。

問7 ①…**a○・b×**：共通テストで注意を要する現代語訳されていない史料の読みとりで，（注）を頼りに読むと，長崎奉行（菅沼氏）と清の役人（許氏・黄氏）との公文書のやりとりが行われていることがわかる。一方，中国の役

人が送還で同行したかは書かれていない（中国商人の同行と考えられる）。

c○・×d：設問文にある1751年に注目する。**日清修好条規**で国交が結ばれたのは1871年。当時清・オランダとの国交は結ばれていない。国交があるのは朝鮮・琉球。一方，**新井白石**による1715年の**海舶互市新例**（正徳新令・長崎新令）など，すでに17世紀後半から清船やオランダ船に対する幕府の貿易統制は進んでいた。

問8　②…①×：〆粕の原料となる**鰊漁**は蝦夷地，**干鰯**の産地の九十九里浜では地引網〔地曳網〕漁による**鰯漁**，土佐では**鰹漁**が営まれた。②○：**塩田**は中世の**揚浜式**から近世には**入浜式**へと変化した。③×：**刈敷・草木灰**は中世以来の自家製の肥料。**干鰯・油粕・〆粕**は近世の**金肥**（購入肥料）。④×：灘は**酒**，醤油は播磨龍野や東国の野田・銚子，染料の原料の**紅花**は出羽村山，**藍**は阿波。

問9　①…**X○**：1613年，**伊達政宗は支倉常長**をスペインなどに派遣（**慶長遣欧使節**）。**Y○**：天明〜寛政期に藩政改革を行った名君とされる藩主として，秋田藩の**佐竹義和**，米沢藩の**上杉治憲**，熊本藩の**細川重賢**，松江藩の**松平治郷**らがあげられる。

問10　③…①×：中山王の**尚巴志**は1429年に**琉球王国**を統一した。②×：**貝塚文化**は南西諸島（沖縄県・鹿児島県）。蝦夷地は**続縄文文化**。蝦夷ヶ島南部は津軽の安藤〔安東〕氏が支配。③○：**商場知行制**から18世紀には**場所請負制度**へと移行した。④×：琉球王国は清と薩摩藩を介して幕府に両属した関係。

問11　③…③○：**明暦の大火**は1657年，4代将軍**徳川家綱**（在職1651〜80年）の時代。**末期養子の禁**の緩和や家臣が主君とともに人生を終える**殉死の禁止**，大名の人質制度の廃止など文治主義的な政治が進められた。①×：江戸の各町の町費を節約させて蓄えさせる**七分積金の制**は老中**松平定信**が寛政の改革で実施したので，11代将軍**徳川家斉**（在職1787〜1837年）の時代。②・④×：**町火消**の組織化および，**目安箱**設置にともなう**小石川養生所**の開設はいずれも8代将軍**徳川吉宗**（在職1716〜45年）の時代の出来事。

14 ▷ 江戸時代後期1

問題：本冊 p.75

問1 ③	問2 ③	問3 ②	問4 ③	問5 ⑥	問6 ②
問7 ④	問8 ⑥				

解説

問1 ③…**X—b徳川家綱**：3代将軍徳川家光没後の1651年，慶安の変〔由井〔比〕正雪の乱〕を機に4代将軍徳川家綱は**末期養子の禁止を緩和**した。**Y—c徳川吉宗**：8代将軍徳川吉宗は1722〜30年に実施した**上げ米（の制）**で財政赤字を改善した。**徳川慶喜**は15代将軍（在職1866〜67年）。

問2 ③…①×：幕府は1643年に寛永の飢饉への対応策として**田畑永代売買の禁止令**を発した。②×：徳川吉宗の**上げ米**は大名から1万石につき100石など石高の1％の米を幕府に差し出させたもの。③○：松平定信は江戸では**七分積金制**，農村では**囲米**で米穀の備蓄を奨励して**社倉・義倉**を設けさせた。④×：大坂の商人は米を買い占めたうえ，大坂町奉行は米の江戸への回送を優先させたので，大坂の米価は高騰した。

問3 ②…①○：大坂（**十人両替**）の鴻池，江戸の**三井**〔越後屋〕など。②×：**かぶき者**は江戸時代前期に出現。③○：芝蘭堂は1786年に**大槻玄沢**が江戸に開いた蘭学塾。なお，大坂には緒方洪庵が適塾（適々斎塾）という蘭学塾を開いた。④○：**俳諧**は松永貞徳（**貞門派**）→西山宗因（**談林派**）→松尾芭蕉（蕉風〔正風〕俳諧）の順である。

問4 ③…①×：**地借**や**店借**は町政に参加できない。②×：1837年に**大坂**で**大塩平八郎**による反乱（**大塩の乱**）が起きた。③○：**松平定信の寛政の改革**における**七分積金制**のこと。④×：江戸の人口の半数以上は武士で，男性の多い町であった。

問5 ⑥…Ⅰ：**会沢安**が尊王攘夷論を説いたのは19世紀前半。Ⅱ：**雨森芳洲**は江戸時代中期の朱子学者。新井白石と並ぶ**木下順庵**の弟子で対馬藩に仕えた。Ⅲ：林家の**林羅山**〔道春〕は江戸時代前期に活躍し，徳川家康・秀忠・家光・家綱に仕えた。林家は林羅山—林鵞峰—林信篤〔鳳岡〕の順。

問6 ②…Ⅰ：神道家の**竹内式部**が京都で処分された**宝暦事件**は1758年。Ⅱ：水戸藩で**藤田幽谷・東湖**父子や会沢安が尊王攘夷論を説いたのは19世紀前半。藤田東湖は『弘道館記述義』，会沢安は『**新論**』を著した。Ⅲ：兵学者の**山**

県大弐が江戸で処刑された**明和事件**が起きたのは1767年。

問7　④…④○：当時は飢饉時を除くと「米価安・諸色（物価）高」の時代であった。石高制のもと，武士の家禄は米で，支出の大半は現金（貨幣）のため，米価の下落は収入減につながった。①×：設問文に1735年とあるので8代将軍**徳川吉宗**（在職1716〜45年）の時代。3代将軍**徳川家光**の在職は1623〜51年。②×：商都の大坂は銀貨での取引（銀遣い），江戸は金貨での取引（金遣い）であった。③×：徳川吉宗は1730年に**大坂堂島米市場**を公認して米価の安定・上昇をはかった。資料にも「米一石につき銀四十二匁以上に買い請け」とあり，**米価の下落**を防ぐ目的で，米の購入（買取）価格の下限を示している。

問8　⑥…Ⅰ：19世紀。**二宮尊徳**（金次郎）は幕末の農政家。同時期の農政家の**大原幽学**と混同しないこと。Ⅱ：18世紀前半。儒学者の**青木昆陽**は，8代将軍徳川吉宗の実学奨励のもとで蘭学を学び『**蕃薯考**』を著した。**甘藷**はさつまいも，**甘蔗**はさとうきびのこと。Ⅲ：17世紀末。宮崎安貞の農書『**農業全書**』は1697年。なお，**大蔵永常**の『**農具便利論**』・『**広益国産考**』・『**除蝗録**』など，農書の多くは商品作物の栽培が本格化した19世紀のものである。

さらに　正誤問題に挑戦！

共通テストの成否を決める正誤問題で確認しよう。

1．江戸時代の小判は，慶長小判の発行以後，改鋳のたびに金の成分比が下がり続けた。

2．新井白石は，小判の重量は変えずに，金の成分比を下げることによって増収をはかろうとした。

3．質流れにより，土地を大規模に集積する地主が現れた。

4．商品経済の発達とともに，札差とよばれる村役人の金融活動がさかんになった。

1．誤（正徳・享保小判は良貨策）　　2．誤（荻原重秀が悪貨策。新井白石は良貨策）

3．正（質地地主）　　4．誤（札差は江戸。農村では在郷商人が活躍）

問題：本冊 p.78

問1 ①　　問2 ②　　問3 ①　　問4 ①　　問5 ①　　問6 ①

問7 ②　　問8 ②　　問9 ③　　問10 (1)③　(2)①

解説　**問1**　①…**ア―松平定信**：老中**松平定信**の寛政の改革（1787～93年）では**旧里帰農令**や**囲米**，**棄捐令**を実施。定信は徳川吉宗の孫で御三卿（**田安家**）出身。老中**水野忠邦**の天保の改革（1841～43年）では**上知令**，**株仲間の解散**。**イ―尊号一件**（**事件**）：尊号一件は1789年，**光格天皇**が父の閑院宮**典仁親王**へ太上天皇の尊号を贈ろうとして幕府（松平定信）が拒んだ事件。**武家伝奏**による朝廷統制が限界となった。一方，**紫衣事件**は1627年，高僧への紫衣の授与をめぐり，勅命よりも幕命が優先された事件。僧の**沢庵**が処分された。**後水尾天皇**は譲位して女性天皇の**明正天皇**が即位した。

問2　②…**Ⅰ**：**石川島人足寄場**は松平定信の寛政の改革（1790年）。**Ⅱ**：**大塩の乱**は11代将軍徳川家斉の大御所時代（1837年）。**Ⅲ**：**関東取締出役**も大御所時代（1805年）。幕領や藩領を越えて，関八州の治安維持を担った。

問3　①…**ア―徳川家慶**：大御所徳川家斉（在職1787～1837年）の次は12代将軍家慶（在職1837～53年）。徳川家綱は4代（在職1651～80年）。**イ―水野忠邦**：1841～43年に**天保の改革**。田沼意次は10代将軍徳川家治の時代。

問4　①…①×：イタリア人シドッチは18世紀の人物で屋久島に潜入。新井白石は尋問後に『**采覧異言**』『**西洋紀聞**』を著した。②○：1811～13年のゴローウニン事件の際にロシアに抑留された。1792年のラクスマン来航時の**大黒屋光（幸）太夫**と混同しないこと。③○：シーボルトは1828年のシーボルト事件で翌年に追放されたドイツ人。④○：英仏戦争の余波で1808年にオランダ船捕獲のため長崎湾に侵入，長崎奉行**松平康英**が引責自殺した。

問5　①…**X**○：1792年，漂流民の**大黒屋光（幸）太夫**をともない来日した。**Y**○：事件は1811年に発生したが，商人**高田屋嘉兵衛**の尽力もあり解決した。

問6　①…**ア―日本橋**：江戸では**日本橋**に魚市場，**神田**に青物市場，大坂では**堂島米市場**，**雑喉場魚市場**，**天満青物市場**が設けられた。**イ―海国兵談**：『**戊戌夢物語**』は高野長英が1837年のモリソン号事件を批判した著作。

問7　②…**Ⅰ**：近藤重蔵らの「**大日本恵登呂府**」標柱の設置は1798年。なお，

最上徳内の千島探査の1785年と混同しないこと。Ⅱ：アヘン戦争は1840～
42年，異国船打払令〔無二念打払令〕（1825年）から転換した水野忠邦の薪
水給与令と南京条約は1842年。Ⅲ：東蝦夷地の永久の直轄化は1802年，全
蝦夷地の直轄化は1807年。1821年には再び松前藩に還付した。

問8　②…Ⅰ：フェートン号事件は1808年，イギリス軍艦が長崎湾に侵入した。
Ⅱ：アヘン戦争は1840～42年，異国船打払令から転換した水野忠邦の薪水
給与令は1842年。Ⅲ：1824年のイギリス船員による薩摩宝島や常陸大津浜
への無断での上陸を契機に，徳川家斉が大御所時代の1825年に発令した。

問9　③…X×：原典の史料読解が求められている。多く付された（注）を参
考にして読みとる。「鉄穴砂」が流出して川底が高くなったので，「出水」（洪
水）を警戒して「御普請」（治水工事）をしたが，「その甲斐これなきにつき」
と効果がなかったことがわかる。Y○：史料では，近い将来において「小鉄」
（砂鉄）は枯渇し，山林伐採により，「郡中」（郡内の村々）は衰微するだろ
うと述べている。うち（　　）で示した部分はすべて（注）に記されている。

問10　(1)　③…③×：近松門左衛門は17世紀後半～18世紀前半の元禄文化期
の人形浄瑠璃のち歌舞伎の脚本家。化政文化（19世紀前半）と時期が異なる。
①○：十返舎一九は化政期の滑稽本作者。代表作に『東海道中膝栗毛』。
②○：化政期に葛飾北斎は『富嶽三十六景』，歌川広重は『東海道五十三次』
を描いた。④○：曲亭馬琴の読本の『南総里見八犬伝』を指す。

(2)　①…X×：文化元（1804）年の「おろしや船」はロシア使節レザノフの
長崎来航を指す。Y○：江戸時代後半になると，養桑業と養蚕業は農家の副
業として東日本に浸透した。蚕は生糸の原料で現金収入となるため，「お蚕
さま」や「ぼこさま」ともよばれて大切にされた。

さらに　正誤問題に挑戦！

共通テストの成否を決める正誤問題で確認しよう。

1．幕領に置かれた関東取締出役は，大名領には権限を行使できなかった。

2．江戸時代には，堤を築いて潮の干満を利用する揚浜の塩田が普及した。

1．誤（関八州すべてに権限を行使）　　2．誤（干満差は入浜式。揚浜式は中世）

問題：本冊 p.82

問1 ②　**問2** ④　**問3** ①

解説　**問1**　②…**X**○：『**鴨の騒立**』は1836（**天保**7）年の三河加茂郡での約240村による**世直し一揆（加茂一揆）**を記したもの。「三河国」（愛知県），「天保七年」のヒントが示されていた。1830年代前半の**天保の飢饉**の最中，甲斐（山梨県）でも世直しを求めた**郡内騒動**（郡内一揆）が同年に起きている。いずれも幕領での出来事で，幕府に大きな衝撃を与えた。「不承知の村は……家々残らず打ち崩し……，遅参の村は……，庄屋を打ち砕き候」から，村単位で結ぶ世直し一揆で，一揆に加わらない村への制裁も読みとれる。なお，三河は西国なので，村方三役の長は**名主**ではなく**庄屋**と記されている。**Y**×：「破りたる米俵，家の前に散乱し」「残りなく打ちこわしけり」から，「世直し一揆」ではなく「打ちこわし」であることを読みとる。10代将軍**徳川家治**の死去にともなう**田沼意次**の引退後，**天明の飢饉**を背景に1787（天明7）年には幕領の大坂や江戸など主要都市で打ちこわしが続いたことを読みとる。なお，1783年の**浅間山**の噴火も天明の飢饉の被害を拡大させた。

問2　④…**a**×・**b**○。**a**：かつて家賃を払い町家に暮らしていた者が，払えず「店仕舞い無宿に成り」とある。つまり「江戸の場末の町家」には「物乞いをするその日稼ぎの人々」はすでに住んでいない。**b**：実際には期待通りにはいかず立ち去り，もとの「野非人」に戻ってしまうことが多かったが，「非人頭ども」が「狩り込み，手下に致し候」から，無宿人を捕らえて配下に置き，野非人を減らそうとした「意図」は読みとれる。**c**×・**d**○。**c**：江戸石川島での**人足寄場**の設置は報告書が出た1836（天保7）年より前の**寛政の改革**（1787～93年）なので誤り。**d**：**人返しの法（人返し令）**は，老中水野忠邦の**天保の改革**（1841～43年）での政策なので正しい。なお，松平定信の農村復興策である**旧里帰農令**と混同しないこと。

問3　①…①○：幕臣では**旗本**は将軍に拝謁が可能，**御家人**はできなかった。②×：村々にも職人や商人（**在郷商人**）は居住していた。③×：その生業にかかわらず，山の民や漁民でも検地帳に登録された場合は**百姓**であった。④×：「農業や商業に携わることはなかった」は誤りで実に多様であった。

問1 ① 問2 ④ 問3 ② 問4 ② 問5 ③ 問6 ④
問7 ① 問8 ① 問9 ③ 問10 ①—④ または ②—②

解説

問1 ①…**ア—ハリス**：初代駐日アメリカ総領事で**日米修好通商条約**を調印した。**パークス**は駐日イギリス公使で，駐日フランス公使ロッシュと対立した。**イ—井伊直弼**：老中堀田正睦は孝明天皇の勅許を得られず，大老井伊直弼が1858年，勅許なしで日米修好通商条約に調印した（**違勅調印**）。

問2 ④…①×：**領事裁判権**（**治外法権**）を認める不平等条約。②×：下田港を閉鎖。貿易は1859年に**長崎・横浜・箱館**で始まった。③×：**協定関税制**とされ，**自由貿易**なのに日本には輸入税率の自主決定権がなかった。④○：江戸と大坂は開市したが，貿易は**居留地**に限定した（居留地貿易）。

問3 ②…**X**○：アメリカは**南北戦争**で貿易から後退した。**産業革命**に成功したイギリスは製品市場，原料（生糸）供給地として輸出入とも首位に立った。**Y**×：金銀の交換比は日本が1：5，外国は1：15のため，日本の金が海外に流出した。幕府は1860年，小型の**万延小判**を鋳造して金流出を防いだ。

問4 ②…**a**○：1863年の長州藩の攘夷決行後，1864年に英米仏蘭の報復を受けた（**四国艦隊下関砲撃事件**）。**b**×：兵庫開港延期の代償として1866年，英米仏蘭から輸入税の引き下げを迫られた（**改税約書**）。**c**×：1864年の禁門〔蛤御門〕の変で長州藩は薩摩・会津・桑名軍に敗退した。**d**○：1863年の八月十八日の政変。**公武合体派**が尊攘派公家を京から追放した。

問5 ③…Ⅰ：1866年。1864年の第1次**長州征討**と1866年の第2次長州征討の間に成立した。Ⅱ：1864年。長州藩が京都御所を攻撃した**禁門の変**（蛤御門の変）の制裁で，長州藩の恭順により戦闘はなかった。Ⅲ：1867年10月。**徳川慶喜**が政権を返上し，12月には**王政復古**の大号令が発令された。

問6 ④…①×：幕府は，朝廷や諸大名に報告や諮問をしているので，独断ではない。②×：**和宮**は，14代将軍**徳川家茂**に嫁いだ。③×：**井伊直弼**は桜田門外で暗殺された。1862年に坂下門外で襲撃されたのは，老中の**安藤信正**。④○：1863年5月，長州藩は下関海峡を通過する諸外国船を砲撃した。

問7 ①…**X**○：武州一揆や信達騒動のような幕末期（**慶応年間**）の世直し一

揆は，従来の一揆と異なり貧民層も参加して政治要求を掲げ，打ちこわしも起きた。**Y○：ええじゃないか**は1867年に東海・近畿・四国に広がった民衆の乱舞。**伊勢神宮**への集団的な**抜参り**の**御蔭参り**と混同しないこと。

問8　①…**a○：カード2**にある**フィルモア大統領**の国書では，北太平洋で操業する捕鯨船の寄港地と太平洋航路の経由地を求めており，1854年の**日米和親条約**で開港した**箱館**と**下田**は適地であった。**b×・d×**：アメリカの内戦（**南北戦争**）は1861〜65年。1859年からの日本との貿易開始後で**カード1**に該当しない。**カード3**の時期に，日本を開国させたアメリカは南北戦争で後退し，**産業革命**に成功したイギリスが輸出・輸入ともに貿易相手国の1位となった。**c○**：伝聞で描かれたペリーの**錦絵**や**瓦版**が多数存在する。

問9　③…**X—b○**：Xは幕府の経験不足から不平等な日米修好通商条約を結んだとする評価なので，**関税自主権**の欠如や**領事裁判権**〔**治外法権**〕の承認を指摘する。**a**は改正時期が第13条に示された。好意的な評価の例で**X**に該当しない。**Y—c○**：清とイギリスの**アヘン戦争**のような状況を回避し，ある程度幕府も納得できる条件での貿易交渉を行ったという評価なので，**c**の**居留地貿易**が正しい。居留地貿易には，外国人の**内地雑居**や自由旅行を認めず，治安の悪化や思想の流入，外国人とのトラブルを回避できる利点があった。1894年の条約改正（治外法権の撤廃）後，1899年に外国人居留地は廃され，外国人の内地雑居を認めた。**d×**：**最恵国待遇**は設定しないか，**双務**的に認めあうことで対等性が高まる。日米和親条約ではアメリカにのみ**片務**的に最恵国待遇を認めており，これは不平等性を示す事例である。

問10　**①—④または②—②**…①1860年の**桜田門外の変**を画期とした場合，**理由④**が正しい。**大老**として権力の集中を期待された**井伊直弼**の暗殺により，以後は**公武合体派**が主流となり，幕府は外様大名や**孝明天皇**など朝廷の意向に左右された。②1866年の**第二次長州征討**〔**長州戦争**〕を画期とした場合，**理由②**が正しい。薩摩藩が出征を拒み，征伐対象の**長州藩**に幕府が戦闘で敗れることで，幕府の大名支配が困難になったことを意味する。なお，**理由①**の具体例として水野忠邦による1841年の**株仲間解散令**や，水油や**生糸**などの横浜直送を禁じた1860年の**五品江戸廻送令**の失敗，**理由③**の具体例として1853年のペリー来航時の老中**阿部正弘**の外交判断があげられる。

問1 ③	問2 ②	問3 ③	問4 ③	問5 ②	問6 ④
問7 ①	問8 ④	問9 ①	問10 ④	問11 ①	問12 ①
問13 ②	問14 ①				

解説 **問1** ③…①○：**戊辰戦争**は1868年1月の**鳥羽・伏見の戦い**から1869年5月の箱館**五稜郭**の戦いまで続いた。②○：**五箇条の誓文**で新政府は開国和親や攘夷の否定を示し，諸外国に対して局外中立を求めた。③×：薩長2藩は誤り。1873年の徴兵令は国民皆兵政策である。④○：1867年12月9日の**王政復古の大号令**で**総裁・議定・参与**の設置を定めた。

問2 ②…**X**○：五箇条の誓文は**由利公正**，**福岡孝弟**，**木戸孝允**らによる。**Y**×：**政体書**では**太政官**への権力の集中，**三権の分立**，**官吏の互選**を定めた。

問3 ③…①×：**小御所会議**では徳川慶喜の**辞官納地**を決めた。辞官は**内大臣**の辞退のこと。**廃藩置県**は1871年。②×：五箇条の誓文では開国和親の方針を示し戊辰戦争への諸外国の介入を防いだ。③○：**壬申戸籍**に差別的に「**新平民**」と記入されることもあった。④×：**奇兵隊**は1863年，長州藩の**高杉晋作**が新設。兵農分離の時代に身分不問の募兵制は征伐の対象となった。

問4 ③…①×：**高杉晋作**が該当。大久保利通や西郷隆盛は**薩摩藩**出身。②×：大久保利通は**岩倉使節団**の副使。留守政府は**大隈重信**や**西郷隆盛**，**板垣退助**ら。③○：大久保は帰国後，留守政府との**征韓論争**に勝利し，1873年に**内務省**を設けて内務卿に就任した。内務省は1947年まで諸官庁の中心であった。④×：1875年の**大阪会議**は大久保と**板垣退助**と**木戸孝允**。板垣と木戸は政府に復帰し，**漸次立憲政体樹立の詔**で国会開設の方針を示した。

問5 ②…**X**○：1871年，**新貨条例**で日本の円が誕生し，1円＝100**銭**，1銭＝10**厘**とし，金の四進法，銀の秤量は廃止した。**Y**×：**大隈重信**は1881年以前に大蔵卿に就任し，明治十四年の政変で政府を辞職した。政変後，**松方正義**大蔵卿が**緊縮財政（松方デフレ）**政策を展開した。

問6 ④…**ア**：1872年の**学制**の説明なので「全国画一的に」が正しい。戦前の教育行政は1879年の**教育令**を除くと文部省による中央集権的（画一的）であった。戦後はGHQによる教育の民主化にあわせて，**教育委員会**など教

育行政は地方分権に移行した。**イ**：「**学校教育法**」が正しい。戦前の教育行政は**教育令**や1886年の**学校令**（小学校令・中学校令・師範学校令・帝国大学令の総称），1918年の**大学令**，1941年の**国民学校令**など勅令主義であった。戦後は教育の民主化により，1947年の**教育基本法**や**学校教育法**など，国会の承認を必要としている。

問7　①…①×：**住友**〔**大坂泉屋**〕は**別子銅山**（愛媛県）を経営。**三池炭鉱**（福岡県）は**三井**，**高島炭鉱**（長崎県）は**三菱**が最終的に経営した。②○：土佐藩出身の**岩崎弥太郎**は，海運業の三菱会社を経営した。③○：**古河市兵衛**は**足尾銅山**（栃木県）を買収し，**院内銀山**・**阿仁銅山**（秋田県）などの払い下げを受けた。

問8　④…**ア―左院**：1871年，**正院**・**左院**・**右院**の三院制を採用。左院は立法機関。**枢密院**は憲法審議のために1888年に設置。天皇の最高諮問機関。**イ―漸次立憲政体樹立の詔**：1875年，政府は**大阪会議**ののち立憲体制をめざす指針を示した。**片岡健吉**らが国会の開設を求めた**立志社建白**は1877年。

問9　①…**a**○：地租の税率は1873年の**地租改正条例**で**地価の3％**と定めたのち，1877年に**2.5％**へと減税，1898年に**3.3％**へと増税。**b**×：課税基準は不安定な収穫量から政府が定めた地価へと改めた。**c**○：**入会地**（共有地）の概念がなくなり，すべての土地を官有地か私有地に分類。**d**×：物納から**金納**，**村請制**（村払い）から地券所有者個人単位に税制が近代化した。

問10　④…**X**×：政府は1870年，**大教宣布の詔**で**神道の国教化**をめざした。**Y**×：1868年の**五榜の掲示**ではキリスト教を禁止し，1873年に黙認した。

問11　①…①○：**大久保利通**が創設し地方行政や治安維持，勧業を担当した。②×：**地租改正反対一揆**が起き，1877年に地租を3％から2.5％に減税。③×：政府は**不換紙幣**を乱発。**日本銀行**が1885年から兌換紙幣（銀兌換券）を発行。④×：**緊縮財政**と紙幣整理は1881年以降，**松方正義**が実施した。

問12　①…①○：**工部省**は1870年設立，1885年に廃止。1873年設立の**内務省**，1881年設立の**農商務省**なども明治時代の殖産興業政策を担当した。②×：明治期に不換紙幣を発行したのは政府と**国立銀行**。**日本銀行**は1882年に設立，1885年から銀兌換券，1897年からは金兌換券を発行。③×：1900年設立の**産業組合**はおもに農業部門の協同組合組織である。④×：**工場法**は1911年

制定，1916年施行。戦前の労働者保護法で，「工場設立を推奨」とは関係しない。戦後は1947年に**労働基準法**が制定された。

問13　②…**ア—牛鍋**：トンカツやカレーライス，卓袱台での食事などは大正時代以降。**イ—ガス灯**：電灯やデパート，洋室の応接室をもつ和洋折衷の**文化住宅，同潤会アパート**などは大正時代以降。

問14　①…**a○**：1853年，ペリーは琉球経由で**浦賀**に来航した。**b×**：琉球藩の設置は廃藩置県後の1872年。日清修好条規では，琉球の日本帰属は約されていない。**c○**：1874年の**台湾出兵**後，1879年の**琉球処分**（沖縄県の設置）を指す。**d×**：日本初の衆議院議員総選挙は1890年だが，北海道では1902年，沖縄県では1912年の総選挙からようやく実施された。

> **さらに** ▶ **正誤問題に挑戦！**
>
> **共通テストの成否を決める正誤問題で確認しよう。**
>
> 1．明治政府のもとで大名は知藩事に任命されていたが，廃藩置県のときに罷免された。
>
> 2．前島密の建議により郵便制度を創設し，郵便切手を発行した。
>
> 3．新貨条例を定め，円・銭・厘を単位とし，新紙幣を発行した。
>
> 4．1874年，板垣退助たちは政府に民撰議院設立建白書を提出した。
>
> 5．華族・士族の家禄をすべて廃止するかわりに，金禄公債証書を交付した。
>
> 6．近代に入ると，日本で最初の鉄道が京都－大阪間に開通した。
>
> 7．学制公布直後から，女子の就学率は男子とほぼ等しかった。
>
> 8．フェノロサが，日本の伝統美術の保存と復興を説いた。
>
> 9．明治時代初期に人力車が登場し広く普した。
>
> 10．政教社は，欧化主義を批判して国粋保存を唱えた。
>
> ---
>
> 1．正（東京居住を命じられた）　　2．正（逓信省が発行）
> 3．正（1871年）　　　　　　　　4．正（政府左院に提出）
> 5．正（1876年・秩禄処分）　　　6．誤（1872年に新橋－横浜間）
> 7．誤（男子のほうが高かった）　 8．正
> 9．正　　　　　　　　　　　　　10．正（三宅雪嶺・雑誌『日本人』）

問1 ④　問2 ①　問3 ②　問4 ①　問5 (1)③ (2)①

解説 問1　④…**ア─不換**：国立銀行条例は1876年に改正され，国立銀行に対して不換紙幣の発行を許可した。**イ─インフレーション**：西南戦争の戦費用の紙幣乱発で紙幣価値が下落（物価が上昇）した。

問2　①…Ⅰ：内閣制度は1885年，帝国議会（1890年）よりも先に発足した。Ⅱ：**枢密院**は憲法の条文審議のため1888年に設置された。Ⅲ：大日本帝国憲法は，枢密院での条文審議を経て**1889年2月11日**に発布された。

問3　②…Ⅰ：**寺島宗則**外務卿による条約改正交渉は1878年。アメリカは賛成，イギリスとドイツが反対。Ⅱ：**青木周蔵**外相による改正交渉でイギリスは同意したが，1891年のロシア皇太子に対する**大津事件**で青木は辞任した。Ⅲ：**大隈重信**外相による改正交渉は1888〜89年，外国人判事の任用を唱えた**井上馨**外相に次いで実施。大隈へのテロ事件は**玄洋社**の来島恒喜による。

問4　①…①○：第1議会で，立憲自由党（のち自由党）と立憲改進党などの**民党**は「政費節減・民力休養」を唱えた。民力休養は減税（地租の軽減）を指す。②×：欽定憲法である大日本帝国憲法は，1890年の国会開設前の1889年，**黒田清隆**内閣に下賜された。③×：帝国議会は公選制の**衆議院**と非公選の**貴族院**の二院制であった。**枢密院**は1888年に設けられた天皇の諮問機関で1947年まで存続した。④×：第1次**山県有朋**内閣は主権を守るための「利益線」として朝鮮半島の確保を唱えた。その結果，立憲自由党の一部が理解を示し，軍事費増の予算案は衆議院を通過し予算が成立した。

問5　(1)　③…資料が示す主題（テーマ）は何かを求める新傾向の問題で，単に年号や歴史用語を暗記しても正解には至らない。③○：1881年の**国会開設の勅諭**から始まり，1889年の**大日本帝国憲法**発布，1890年の**帝国議会**でゴールに至る双六なので，日本で立憲政治が成立するまでの過程が描かれている。なお，「埼玉・群馬の一揆」は1884年の**秩父事件・群馬事件**を指す。①×：資本主義の確立ならば，**松方デフレ政策**や殖産興業，企業勃興，**産業革命**の成立などが「双六のコマ」として必要である。②×：帝国主義の確立ならば，**日清戦争**や**日露戦争**，**台湾**や朝鮮の植民地化などが必要である。

④×：政党政治が成立する過程ならば，1898年の**第1次大隈重信内閣**（憲政党）や1918年の**原敬内閣**（立憲政友会），1924〜32年の加藤高明内閣から犬養毅内閣までの政党内閣の慣例（「憲政の常道」）などが必要である。

(2)　①…資料の扱い方や方法論を問う問題である。選挙権は性差の撤廃（男性限定→男女），年齢制限の緩和（満25歳→20歳→18歳），制限選挙時代の納税額の緩和（直接国税15円→10円→3円）→普通選挙（納税額を問わない），北海道や沖縄に加えて台湾，朝鮮，南樺太（サハリン）など地域差の縮小の4点に歴史の推移や変化，転換が見られる。①×：1890年の第一議会における**民党**と**吏党**の勢力関係や議員が男性のみということはわかるが，その後の選挙権の拡大に関する推移・変化・転換を見る（説明する）ことはできない。②・③○：推移・変化・転換が直接伝わる資料である。④○：やや細かいが，「どのような人々<u>が</u>」ではなく「どのような人々<u>に</u>投票をよびかけているか」とあるので，有権者に労働者・小作農などの**無産階級**や**女性**が含まれているか否かの推移が，ポスターの文字や図柄から確認できる。

さらに ▶ **正誤問題に挑戦！**

共通テストの成否を決める正誤問題で確認しよう。

1．明治政府は，長崎の出島に住むキリスト教の信徒たちを捕らえ改宗を強要した。

2．明治政府が神仏習合の方針を打ち出したのを機に，各地で寺院や仏像が破壊された。

3．酒税は明治十四年の政変後に大蔵卿江藤新平のもとで大きく税率を引き上げられた。

4．1881年に設立された日本鉄道会社によって，上野‐青森間などの路線が開通した。

5．ドイツ人顧問モッセの指導のもと，中央集権的な府県制・郡制が制定された。

1．誤（浦上の日本人信徒を弾圧。そもそも出島にはオランダ人が居住していた）

2．誤（×神仏習合→○神仏分離）　3．誤（×江藤新平→○松方正義）

4．正（上野‐高崎間も日本鉄道）　5．正（1890年。市制・町村制は1888年）

問1 ④	問2 ③	問3 ④	問4 ④	問5 ③	問6 ⑥
問7 ⑤	問8 ④				

解説 **問1** ④…①×：大隈重信は**明治十四年の政変**で辞職した。②×：自由党は日清戦争後，第2次伊藤博文内閣に接近して**板垣退助が内務大臣に就任**し，政府の軍拡予算にも理解を示した。③×：自由党と進歩党は1898年に合同して**憲政党**になった。**立憲政友会**は1900年，伊藤博文が分裂後の憲政党（旧自由党系）を中心に結成した。④○：1906年結成の**日本社会党**が議会政策派から直接行動派に転じたため，**第1次西園寺公望内閣**は1907年に解散を命じた。なお，日本初の社会主義政党は1901年の**社会民主党**。

問2 ③…①○：**壬午軍乱**は1882年，**甲申事変**〔政変〕は1884年。甲申事変は**金玉均・朴泳孝**ら開化派によるクーデタ。清国軍に鎮圧された。②○：甲申事変後の1885年，日清間で**天津**条約を結び関係を改善した。③×：清国が朝鮮に対する宗主権を否定したのは1895年，**日清戦争後の下関条約**。④○：福沢諭吉は1885年，『時事新報』の社説に「**脱亜論**」を掲載した。

問3 ④…**X**×：「**憲政擁護，閥族打破**」は，1912〜13年の第3次桂太郎内閣に対する**第一次護憲運動**のスローガンである。**Y**×：**軍部大臣現役武官制**は，第2次**山県有朋**内閣が1900年に制定。第1次**山本権兵衛**内閣が1913年に現役規定のみを削除し，**広田弘毅**内閣が二・二六事件後の1936年に再び現役制に改めた。なお，実際にはすべての陸・海軍大臣は現役軍人であった。

問4 ④…Ⅰ：**桂園時代**は1901〜13年。**大韓帝国の植民地化は1910年の韓国併合条約**。初代の**朝鮮総督**は寺内正毅。Ⅱ：『万朝報』で内村鑑三が非戦論を展開したのは日露戦争開戦前の1903年，その後，同紙創刊者の**黒岩涙香**は**主戦論**に転じた。Ⅲ：賠償金を得られない日露講和条約〔ポーツマス条約〕の調印反対から暴徒化した**日比谷焼打ち事件**は1905年。

問5 ③…甲：日露戦争後に日本が近代国家として一流国化したことの事例なので**イ**が正しい。**ア**×：旧暦〔太陰太陽暦〕から新暦〔太陽暦〕への改暦は旧暦の明治5年12月3日を太陽暦による明治6年1月1日とした。**イ**○：**八幡製鉄所**は1901年に操業を開始した。造船業は第一次世界大戦期の世界

的な船舶不足のなか，イギリス・アメリカに次ぐ世界第3位の海運国に成長し，**船成金**も登場した。**乙：ウ○**：1905年の**ポーツマス条約**で賠償金を得られず，戦後も増税が続くなか，国家主義への疑問も生じた。日露戦争後の1908年，第2次桂太郎内閣は勤勉と節約や皇室の尊重を求める**戊申詔書（ぼしんしょうしょ）**を発して国民道徳の再編強化を図った。**エ×**：明治初期の自由民権運動の盛り上がりに対し，政府は1875年に**新聞紙条例**と**讒謗律（ざんぼうりつ）**を定めた。

問6 ⑥…**Ⅰ**：アメリカを想定した**日露協約**は日露戦争後で，第4次は1916年。**Ⅱ**：**日英同盟協約**は1902年に調印，1905年と1911年に改定，1921年の**四カ国条約**により1923年に廃棄された。**Ⅲ**：**甲申事変**後，日清両軍の朝鮮からの撤退と相互通告（**行文知照（こうぶんちしょう）**）を定めた**天津条約**の締結は1885年である。

問7 ⑤…**Ⅰ**：1875年に**榎本武揚（えのもとたけあき）**が調印した**樺太（からふと）・千島（ちしま）交換条約**。**Ⅱ**：1905年に**小村寿太郎（じゅたろう）**とウィッテが全権となった**ポーツマス条約**。**Ⅲ**：1854年，幕府と**プチャーチン**との間で結ばれた日露和親条約の内容である。

問8 ④…**X×**：ドイツの租借地（そしゃくち）である**山東省（さんとうしょう）**の**青島（チンタオ）**を攻撃した。**Y×**：朝鮮とインド権益（けんえき）との相互承認は1905年の**日英同盟協約**改定（第2次）。1905年の**桂・タフト協定**は，日米間の韓国とフィリピン権益の相互承認。

さらに　正誤問題に挑戦！

共通テストの成否を決める正誤問題で確認しよう。

1．堺利彦が，『万朝報』の方針転換に抗して同社を辞し，『平民新聞』を創刊した。

2．軍部は，各地の兵役経験者の団体を1910年に統合して帝国在郷軍人会を設立した。

3．日露戦争後，桂・タフト協定にもとづき，アメリカは日本が朝鮮半島から撤兵することを求めた。

4．初代朝鮮総督には寺内正毅が就任した。

5．朝鮮総督は防穀令を出して，日本内地への米穀移出を禁じた。

1．正　　2．正　　3．誤（日本が韓国を保護国化することをアメリカに認めさせた）
4．正　　5．誤（×朝鮮総督→○朝鮮地方官。1889年で，総督を置いた韓国併合以前）

問題：本冊 p.99

問1 ③　問2 ④　問3 ②　問4 ①　問5 ①　問6 ②

問7 ②

解説 問1 ③…**X**×：1901年に**社会民主党**がつくられたが，1900年制定の**治安警察法**により解散。**大逆事件**は1910年。**幸徳秋水**らが刑死した。**Y**○：**工場法**は1911年制定，1916年施行。15人以上の工場にのみ適用された。

問2 ④…**a**×：1879年の**教育令**は地方分権的，翌1880年の改正教育令で国家統制を再び強めた。**b**○：1886年の**帝国大学令**で**帝国大学**，1897年に**京都帝国大学**を設立。帝国大学はその後，北海道・東北・名古屋・大阪・九州と植民地の台北・京城を含む9大学に。**c**×：1902年の教科書疑獄事件を機に，翌年に**検定制から国定制**に転換した。**d**○：義務教育は1886年に原則4年，**1907年に6年**，1941年に8年となった。戦後は1947年の**教育基本法**により9年制，**学校教育法**により六・三・三・四制。

問3 ②…①×：**矢野龍溪**『経国美談』や**東海散士**『佳人之奇遇』などの明治時代初期の**政治小説**の特徴。②○：文化史の出題であるが，作品名や人物名を一切含めず，内容を抽象的に表現して正誤を判定させる問題で正答率が低かった。ここでは**夏目漱石**の特徴を求めている。日露戦争期に流行した**自然主義**に対し，明治時代末期以降，夏目漱石や**森鷗外**らは反自然主義の立場をとった。③×：都会的感覚と西洋的教養，人道主義から，『**白樺**』で活躍した**武者小路実篤・志賀直哉・有島武郎**らの**白樺派**であることがわかる。④×：**小林多喜二**『蟹工船』や**徳永直**『太陽のない街』で知られる**大正時代**末期以降の**プロレタリア文学**を指す。

問4 ①…**X**—**a**ベルツ：ドイツ人医師で『ベルツの日記』の著者。モースはアメリカ人動物学者で進化論を紹介，**大森貝塚**も発見した。**Y**—**c長岡半太郎**：原子構造の研究に貢献した。**本多光太郎**は大正時代に**KS磁石鋼**を発明した。なお，明治時代の**木村栄**によるＺ項発見と混同しないこと。

問5 ①…①×：**日本鉄道会社**は1881年設立で時期が異なるうえ，官営事業の払い下げでもない。日本鉄道会社は1891年に上野−青森間を完成させるなど，同時期の**大阪紡績会社**とともに**企業勃興**の牽引役となった。②○：

1906年の**鉄道国有法**により，日本鉄道会社など幹線私鉄17社が買収され，国鉄（官有鉄道）の営業距離が増えた。③○：都市化の進展のなか，関西では**小林一三**（箕面有馬電気軌道，のちの阪神急行電鉄・阪急），関東では五島慶太（のちの東急）などにより私鉄の開通と沿線開発が進んだ。④○：立憲政友会の原敬内閣は1918年の**大学令**など高等教育機関や鉄道網の拡充など**積極財政政策**を掲げ，地方への利益誘導を進めた。この結果，「我田引鉄」という言葉が流行した。

問6　②…①○：**中江兆民**は『**民約訳解**』を著した。②×：日本初の社会主義政党は1901年結成の**社会民主党**。**社会大衆党**は，合法無産政党が大合同して1932年に結成されたが，1940年に**大政翼賛会**に合流した。③○：第2次山県有朋内閣による1900年の**治安警察法**と，加藤高明内閣による1925年の**治安維持法**を混同しないこと。④○：自然主義の文学は日露戦争期に流行。島崎藤村『**破戒**』や田山花袋『**蒲団**』，『**田舎教師**』など。

問7　②…**X**—**a北里柴三郎**：1892年の**伝染病研究所**設立や，ペスト菌の発見，破傷風の血清療法は北里柴三郎。細菌学者**野口英世**は黄熱病の研究者。
Y—**d志賀潔**：赤痢菌を発見。　**長岡半太郎**は原子構造の研究者。

> **さらに** ▶ 正誤問題に挑戦！
>
> **共通テストの成否を決める正誤問題で確認しよう。**
>
> 1．明治期に集会・結社・言論の自由を制限する治安維持法を制定した。
>
> 2．1880年代後半以後，政教社を中心とする国粋（国粋保存）主義的な言論が高まった。
>
> 3．明治時代には，ラジオ放送やレコードの普及によって流行歌が生まれた。
>
> ---
>
> 1．誤（×治安維持法は大正時代の1925年制定→○治安警察法（1900年））
> 2．正（三宅雪嶺らが設立）
> 3．誤（ラジオ放送の開始は大正時代の1925年。なおテレビ放送開始は1953年）

問1 ②	問2 ①	問3 ③	問4 ②	問5 ③	問6 ②
問7 ③	問8 ④	問9 ①	問10 ④	問11 ①	問12 ①
問13 ②	問14 (1)④ (2)①				

解説　**問1**　②…**X○**：1900年，陸軍・海軍大臣〔陸相・海相〕の任用規定として**第2次山県有朋内閣**が制定。**Y×**：1913年に**第1次山本権兵衛内閣**が現役規定のみ削除して軍部大臣武官制とし，1936年に**広田弘毅**内閣が現役制を復活させた。なお，実際にはすべて現役軍人が就任した。**米騒動**直後に成立した政党内閣は，立憲政友会の**原敬**内閣（1918〜21年）である。

問2　①…**①○**：1920年当時は原敬内閣。**積極政策**や**小選挙区制**の導入は立憲政友会の政策。普通選挙制には消極的で，選挙権の納税資格を直接国税3円以上へ引き下げた。**②×**：1918年のシベリア出兵は**寺内正毅**内閣。**③×**：1924年の**清浦奎吾**内閣。第二次護憲〔憲政擁護〕運動により総辞職した。**④×**：1914年のシーメンス事件で退陣した第1次山本権兵衛内閣を指す。

問3　③…**a×**：海軍大臣の**加藤友三郎**が全権の一人として参加。**b○**：「憲政の常道」は1924年の**加藤高明**内閣から1932年の**犬養毅**内閣までの慣例を指す。**c○**：**日本農民組合**は1922年に結成，小作料の削減や小作権の確立を求めた。**d×**：**労働組合期成会**は，明治時代の1897年に結成された。

問4　②…Ⅰ：1901年，日本初の社会主義政党の**社会民主党**が結成されたが，すぐに結社禁止となった。Ⅱ：1912〜13年の第一次護憲運動では第3次**桂太郎**内閣，1924年の第二次護憲運動では清浦奎吾内閣が倒された。Ⅲ：原敬内閣が1919年に直接国税10円以上から3円以上にまで引き下げた。

問5　③…**X×**：原敬（立憲政友会）は普通選挙には消極的で，1919年の衆議院議員選挙法改正で選挙権の納税資格を**直接国税3円以上**への引き下げに留め**小選挙区制**とした。**Y○**：**衆議院議員選挙法**改正によるいわゆる男性の普通選挙法は1925年，**加藤高明（護憲三派）内閣**のときに成立し，1928年2月，田中義一内閣のときに初めて普通選挙による総選挙が実施された。

問6　②…**①×**：大日本帝国憲法には政党内閣に関する規定は存在しない。**②○**：当時の慣例として成立。なお，現在の日本国憲法では，諸条文から**議**

院内閣制が保障されている。③×：1940年に最後の**元老西園寺公望**が死去するまで首相の選任には元老の推薦を経たが，これも慣例であり憲法の規定ではない。④×：**貴族院**は非公選の議院。衆議院の第一党（多数党）が正しい。

問7 ③…③×：造船業や海運業は世界的な船舶不足から発展した。アジア市場への**綿織物**輸出も伸び，中国への**在華紡**とよばれる民間紡績会社の資本輸出もさかんで，「繊維産業は衰退した」は誤り。日本では1919年には工業生産額が農業生産額を上回ったが，中心は繊維産業であった。①○：**実質賃金**は低下していたので，労働者の生活は圧迫された。特に都市労働者の増加により**米価が高騰**した。②○：日本は1914年には11億円の債務国だったが，1920年には27億円以上の債権国に転じた。④○：好景気のアメリカには**生糸**，連合国には軍需品や食料品，ヨーロッパ諸国が後退したアジア市場には綿織物の輸出が好調で，1915～18年の貿易収支は輸出超過に転じた。

問8 ④…①×：**国際連盟**発足時の理事会の常任理事国は英仏日伊の４カ国。アメリカは議会の反対で最後まで不参加。遅れて加盟したソ連は1939年に除名された。現在の**国際連合**の安全保障理事会の常任理事国は英米中露仏の５カ国。②×：**ワシントン会議**は1921年，原敬内閣が参加を決定し，高橋是清内閣のときに開催。**加藤友三郎**は全権の一人。③×：中国に関する取り決めは1922年調印の**九カ国条約**。四カ国条約は太平洋の現状維持に関する取り決めで，**日英同盟協約**が廃棄となった。④○：不戦条約（ブリアン・ケロッグ協定）で戦争放棄を定めたが，自衛の戦争までは否定しなかった。

問9 ①…**X**—**a**○・**b**×：共通テストで頻出の思考力を問う設問である。関税は輸入税率で考える。農地を所有し小作料を収入源とする（寄生）地主は，小作料の米を売却して資本としているので，関税撤廃による安価な輸入米の増加での国内産の米価の下落は望まない。輸入米が高ければ，国産米の生産も促進され売りやすくなる。**Y**—**c**○・**d**×：労働者（消費者）を雇用する資本家は，国際競争力のある安価な製品を作る必要があり，賃上げは避けたい。賃金抑制のためにも生活費の上昇は望まない。関税撤廃で輸入米の価格がさらに下がれば，労働者の主食への支出が減り，ストライキなども起きにくい。

問10 ④…①×：日本初のメーデーは1920年５月に東京の上野公園で開催。②×：**天皇大権**の戒厳令は関東大震災や二・二六事件などで発令された。

③×：甘粕事件に関わる無政府主義者は**大杉栄**と**伊藤野枝**。憲兵は**甘粕正彦**。北一輝は『**日本改造法案大綱**』の著者。二・二六事件で刑死した。④○：**特別高等警察**〔**特高**〕は1911年に警視庁に特別高等課が設置されたのが始まりで，1928年に全国に拡大されたが，1945年10月に廃止された。

問11　④…Ⅰ：1928年。奉天（現在の瀋陽）で満洲軍閥の**張作霖**が関東軍によって殺害された**満洲某重大事件**。田中義一内閣が総辞職した。Ⅱ：1906年。ポーツマス条約で割譲された旅順－長春間の鉄道（**満鉄**）や撫順炭田などを経営した。Ⅲ：1917～18年。**寺内正毅**首相の意向を受けた西原亀三による**西原借款**を指す。段祺瑞政権が崩壊したため，ほぼ回収不能となった。

問12　①…Ⅰ：**鈴木文治**による労資協調的労働団体の**友愛会**結成は1912年。Ⅱ：友愛会は，1919年に**大日本労働総同盟友愛会**，1921年に階級闘争的な**日本労働総同盟**と改称し，1925年に左派の**日本労働組合評議会**と分裂した。Ⅲ：**産業報国会**は国民精神総動員運動のもと，1938年に結成された。

問13　②…②×：大正～昭和時代初期の**文化住宅**は洋室の応接間をもつ和洋折衷住宅。①○：1927年に東洋初の**地下鉄**が上野－浅草間で開業。③○：丸の内ビルディング（丸ビル）が代表例。④○：東京市内1円均一の**円タク**が出現。**バスガール**（車掌）はタイピストとともに**職業婦人**の代表例であった。

問14　⑴　④…①×：義務教育（小学校）の就学率は1900年の**小学校令改正**で授業料が無償化されるなど，明治時代のうちにほぼ100％近くまで伸びていたので時期が異なる。②×：**欧化主義**は井上馨外務卿（のち外務大臣）による1880年代の条約改正期で，時期が異なる。③×：時期的には大正時代で正しいが，マスメディアの発達や社会主義運動の広がりとは直接結びつかない。④○：原敬内閣による1918年の**大学令**で，従来の**帝国大学**以外に単科大や私立大も大学として認められ，中学校・高等学校も各地で増設された。
⑵　①…①○：設問文の「現在の日本国憲法の基本原理と比較すると時代的な限界がある」とは，**主権在民**〔**国民主権**〕を求めないことにある。**吉野作造**の**民本主義**は大日本帝国憲法の枠内，つまり主権在君〔天皇主権〕を認めた上での政治理論であった。また，君主制か共和制かの議論も天皇制批判の危険があるため避けている。吉野はデモクラシーの訳語として②民主（民衆・平民）主義ではなく民本主義とし，③・④を政治の目的とした。

問1 ①　問2 ⑤　問3 ②　問4 ④　問5 ①　問6 ①

問7 ④　問8 ②

解説　問1　①…**a**○：1928年2月の男性普通選挙による衆議院議員総選挙
は田中義一内閣。同年に治安維持法を緊急勅令で改正して極刑（死刑）と共
産党への協力者も広く処罰可能とする目的遂行罪を導入した。**b**×：田中内
閣は1928年，全国の警察に特別高等警察〔特高〕を設置。警察予備隊は
1950年，朝鮮戦争時に設置。**c**○：労働農民党や社会民衆党などの無産政党
からは8名が当選した。**d**×：衆議院議員選挙法では，1925年に満25歳以
上の男性のみに選挙権を付与。1945年に満20歳以上の男女，改正公職選挙
法では2015年に満18歳以上の男女に付与した。

問2　⑤…Ⅰ：犬養毅首相は1932年5月の五・一五事件で暗殺された。Ⅱ：
斎藤実内閣のときの1933年5月，満洲事変の塘沽停戦協定が結ばれた。Ⅲ：
浜口雄幸内閣の井上準之助蔵相が，1930年1月に金輸出を解禁した。

問3　②…①×：田中義一内閣の高橋是清蔵相によるモラトリアム〔支払猶予
令〕と日本銀行の非常貸出により，1927年の金融恐慌は鎮静化した。②○：
1927年に発生。鈴木商店は大戦景気で急成長。③×：1927年，若槻礼次郎
内閣の片岡直温蔵相の失言をきっかけに金融恐慌が始まった。④×：1930
年1月，浜口内閣の井上準之助蔵相の旧平価による金解禁により為替相場は
安定したものの，円高と世界恐慌の進行により輸出が停滞し，昭和恐慌が深
刻化した。

問4　④…ア—戦後恐慌：アジア市場への欧州諸国の復帰による生産過剰から
生じた戦後恐慌は1920年，金融恐慌は1927年3〜4月。イ—血盟団員：井
上日召率いる血盟団が1932年，前蔵相の井上準之助や三井合名会社理事長
の団琢磨を暗殺した（血盟団事件）。1932年の五・一五事件は海軍の青年将校，
1936年の二・二六事件は陸軍の皇道派による事件であった。

問5　①…**a**○：浜口雄幸内閣の井上準之助蔵相は1930年1月に金解禁，犬養
毅内閣の高橋是清蔵相は1931年12月に金輸出再禁止を行い管理通貨制度に
移行。意図的な円安により輸出が伸びた。**b**×：国家総動員法のもと，勅令

により経済統制が進められたので議会の承認を不要とした。**c○**：産業組合を拡大して農民の結束を促進した。日露戦争後の内務省による明治時代の**地方改良運動**と混同しないこと。**d×**：1931年の**重要産業統制法**では，**カルテルの結成**を助成した。

問6　①…**a○**：アメリカへの**生糸**の輸出が不振になると，養蚕や製糸を副業とする農村を直撃した。**b×**：昭和恐慌では糸価や繭価が暴落した。**経済安定九原則**は1948年，戦後インフレへの対応である。**c○**：**企画院**が立案し，1938年制定の**国家総動員法**にもとづき，勅令方式で進めた。**d×**：**在華紡**は国策会社ではなく，日本の民間の**紡績会社**による中華民国への資本輸出である。

問7　④…**④○**：日本史ではつねに時期区分を意識することが大切で，ここでは設問文にある1938年5月に注目する。日露戦争後の**ポーツマス条約**（1905年）によりロシアから**旅順・大連**の租借権を譲渡された後，日本は1906年，**旅順**に**関東都督府**を設置したので正しい。**①×**：日本は1910年の**韓国併合**後，**京城**（漢城を改称，ソウル）に**朝鮮総督府**を設置した。初代総督は**寺内正毅**である。なお，韓国併合前の1905年，第2次日韓協約により**大韓帝国**に設置した（韓国）**統監**の**伊藤博文**と混同しないこと。**②×**：表を正しく分析する必要がある。**満洲国**（1932〜45年）の都市である奉天（瀋陽）や関東州の大連，**新京**（長春を改称，満洲国の首都）では別の日に奉天神社，大連神社，新京神社をそれぞれ訪問しているので，満洲国にも神社は存在したことがわかる。なお，この修学旅行では植民地朝鮮の京城や平壌でも朝鮮神宮や平壌神社を訪問している。**③×**：奉天で満鉄線の爆破をきっかけに起きた**柳条湖事件**は1931年9月。満洲事変のきっかけとなった。**日中戦争**のきっかけとなったのは，1937年7月に北京郊外で日本軍と中国軍が衝突して起きた**盧溝橋事件**である。

問8　②…**a○・b×**。**a**：共通テストで出題が増加している統計を処理する設問と史料の読解である。3年以上の勤続者が最も多い炭鉱Fでも21％なので，「労働者の3分の2以上が勤続年数3年未満」は正しい。また，1年未満の割合が最も低い炭鉱Eでも，「1年未満が最も多かった」は正しい。**b**：他府県出身者の多い順（D→F→E→A→C→B）に数値を並べ替えてみても，

勤続年数の長短との相関はみられないことがわかる。**c×・d○**。**c**：「亭主
は一足先に入坑し……」「女房は……ワレも滑らず……さがり行く」に注目
する。また，出典にも「入坑（母子）」とある。**世界記憶遺産**となった**山本
作兵衛**の炭鉱記録画（炭鉱絵）には，上半身裸で入坑して運搬用の貨車を押
す女性の姿が描かれている。**d**：10歳未満の子供も幼児を背負って入坑して
いる。史料から年代は特定できないが，義務教育期間は1907年の**小学校令**
改正（改正小学校令）で6年，1941年の**国民学校令**では8年であった。「他
人に幼児を預けると十銭……」とあり，義務教育に該当する児童（「十才未
満の倅」）の登校（就学）よりも，子守をさせて家計を優先している状況を
読みとる。（注3）の「間欠（一定の期間休むこと）」も参考になる。

さらに ▶ **正誤問題に挑戦！**

共通テストの成否を決める正誤問題で確認しよう。

1．金解禁とは，金の輸出を解禁し，金本位制から離脱することである。

2．金解禁を行うためには，公債の増刷が必要である。

3．海軍現役青年将校らが現職の首相を殺害した二・二六事件が起こった。

4．世界恐慌のなかで生糸の中国向け輸出が激減し，農村部に大きな打撃を
　与えた。

5．昭和時代初期に，電話交換手やバスの車掌などとして働く女性が増加し，
　彼女らは職業婦人とよばれた。

6．昭和時代初期に，東京では，新しい交通機関として地下鉄が登場した。

7．戦前の昭和時代，大都市の近郊に，ニュータウンとよばれる大規模な団
　地が造られた。

1．誤（金本位制に復帰）　　　　　2．誤（財政支出の抑制が必要）
3．誤（×二・二六事件→○五・一五事件。犬養毅首相を暗殺）
4．誤（×中国→○アメリカ。中国には綿製品）
5．正（タイピストやエアガールも含む）　6．正（1927年。上野－浅草間）
7．誤（高度成長期の1950年代以降）

問1 ④　問2 ④　問3 ③　問4 ②　問5 ⑥　問6 ③

問7 ④　問8 ③　問9 ①　問10 ①

問11 ①—⑤ または ②—⑦

解説　**問1**　④…a×：アメリカの**中立法**もあり宣戦を布告せずに**支那**〔北支〕**事変**と称し，1938年1月に**蔣介石政権**と断交する**近衛声明**を発した。**b**○：**盧溝橋事件**後，上海や中華民国の**首都南京**での戦闘が続いた。**c**×：小説も対象で**石川達三**の『**生きてゐる兵隊**』は発売禁止。戦争文学では**火野葦平**の『**麦と兵隊**』と混同しないこと。**d**○：共産主義からの**転向**が進んだ。

問2　④…**X**—**b企画院**：物資動員計画は1937年に設置された内閣直属の**企画院**が担当した。**内閣情報局**は1940年に設置の思想統制の中心機関。**Y**—**d価格等統制令**：国家総動員法にもとづき1939年に発令された。**金融緊急措置令**はインフレの抑制策で，第二次世界大戦後の1946年に発令された。

問3　③…a×：**近衛文麿**が唱えた「**東亜新秩序の建設**」が正しい。「**大東亜共栄圏**」は**東条英機**内閣が太平洋戦争時に唱えた。**b**○：1938年1月の第1次近衛声明で，同年に3度の声明が出た。**c**○：1940年からの**新体制運動**で挙国一致が唱えられた。**d**×：日中戦争は1937年7月の盧溝橋事件から。アメリカの対日石油輸出禁止は1941年以降なので「ただちに」は誤り。

問4　②…Ⅰ：1938年の第1次近衛声明で，蔣介石政権の共産主義容認（**第2次国共合作**）を批判した。Ⅱ：**松岡洋右**外相が1941年に調印。期間は5年。Ⅲ：1940年に**来栖三郎**駐独大使が調印。仮想敵国は事実上アメリカ。なお，ソ連（共産主義）を対象とした1936年の**日独防共協定**と混同しないこと。

問5　⑥…Ⅰ：**沖縄戦**は1945年3月に慶良間諸島，4月から沖縄本島で地上戦が展開され，6月に組織的抵抗が終了した。Ⅱ：**関東軍特種演習**〔**関特演**〕はソ連との戦争（**北進論**）を想定して1941年に兵力を満洲に結集した。Ⅲ：日中戦争は1937年7月の**盧溝橋事件**で始まり，首都の**南京**は1937年12月に占領。**蔣介石**は最終的に**重慶**へと逃れ，**援蔣ルート**を頼りに抗戦した。

問6　③…①○：**鮎川義介**の日産コンツェルンは満洲，**野口遵**の日窒コンツェルンは朝鮮に進出した。②○：1937年創設の**企画院**が1938年制定の国家総

動員法にもとづき立案した。③×：1940年，労働組合はすべて解散して**大日本産業報国会**が組織された。**日本労働組合総評議会**〔**総評**〕は1950年発足。高度経済成長期に**春闘**を主導した。④○：ハノイへの**北部仏印進駐**は1940年，サイゴン（現ホー＝チ＝ミン）への**南部仏印進駐**は1941年の出来事である。

問7　④…①○：これに加えて軍政当局が発行した**軍票**〔**軍用手票**〕が現地の経済混乱を引き起こした。②○：朝鮮では**皇民化政策**の一環として「**創氏改名**」，朝鮮神宮の建設，宮城遙拝などが行われた。③○：**蘭印**〔オランダ領東インド〕で石油を確保した。④×：1943年11月の**大東亜会議**では，**東条英機**首相が満洲国や中国南京政府，ビルマなどの代表を日本（東京）に集めて「**大東亜共同宣言**」を発した。×**京城**（現ソウル）と満洲国の首都の**新京**（現長春）を混同しないこと。

問8　③…**a**×：1941年，**尋常小学校**を改めた**国民学校令**では義務教育期間を8年に延長した。中学校の義務化は第二次世界大戦後。**b**○：買い占めを防ぐための衣料品や調味料などの**切符制**と，餓死を防ぐための米穀などの**配給制**を混同しないこと。**c**○：**疎開**には，都市部での食糧や労働力確保の目的もあった。**d**×：1920年結成の**新婦人協会**は，女性の政治活動禁止の解禁を求め，1922年に女性の政治集会参加を禁止する**治安警察法**の第5条が一部改められた。なお，**婦人参政権獲得期成同盟会**は1924年に結成された。

問9　①…**X**—**a女子挺身隊**：14〜25歳の未婚女子で構成され軍需工場などに動員された。**ひめゆり学徒隊**は1945年の沖縄戦に看護要員などで従軍した女学生。**Y**—**c幣原喜重郎**：1946年4月，幣原喜重郎内閣のときに，戦後初の衆議院議員総選挙があり，女性が選挙権と被選挙権を行使した。第一党は**日本自由党**で，**公職追放**された総裁の**鳩山一郎**にかわり非議員の**吉田茂**が組閣した。戦前と戦後は分けて学習せずに，その連続性にも注目する。

問10　①…**a**○：1943年，**徴兵猶予**が停止され**学徒出陣**が始まった。**b**×：軍票は占領地で日本軍が発行したもの。日本国内ではない。**c**○：米の**配給制**は維持されたが，遅配や欠配が続き物価も高騰した。**d**×：戦後の解放感もあり，音楽や衣料，食生活においてアメリカ文化が流入した。

問11　①—⑤または②—⑦…歴史的事象の多面的・多角的考察を求める新傾向の問題である。受験生が「時代の転換点」として何れかの歴史的事象を主

体的に判断し，その根拠（理由）を示すという思考力と判断力を求めている。①「ポツダム宣言の受諾」を選択する場合，③④⑤を検討する。③×：ポツダム宣言では国際連合の設立には触れていない。④×：東側陣営のソ連も1945年8月の宣戦布告後に正式に参加したポツダム宣言に，西側陣営に入るという規定はない。⑤○：ポツダム宣言の主眼は**日本の民主化**と**非軍事化**で，連合国による日本の占領，領土の縮小，戦争指導者の処分などが示され，日本に**無条件降伏**を勧告した。一方，②「1945年の衆議院議員選挙法改正」を選択する場合，⑥⑦⑧を検討する。⑥×：日本の女性参政権はこの改正で初めて実現した。⑦○：1946年の戦後初の衆議院議員総選挙では女性の選挙権と被選挙権が初めて行使され，39名の女性議員が誕生した。⑧×：1900年制定の**治安警察法**は女性の政治活動を禁止したが，1920年設立の**新婦人協会**の運動により，1922年に同法（第5条）は改正され，女性の政治集会への参加が認められた。

さらに　正誤問題に挑戦！

共通テストの成否を決める正誤問題で確認しよう。

1．1937年7月に日中戦争がはじまると，近衛文麿内閣が翼賛選挙を行った。

2．アメリカは1939年7月に日本に対し日米修好通商条約の廃棄を通告し，翌年この条約は失効した。

3．林芙美子は1944年，空襲の危険がある東京を離れ，長野県に復員した。

4．日中戦争勃発（ぼっぱつ）後は，石川達三の『生きてゐる兵隊』が発禁になった。

5．鈴木貫太郎内閣のもと，諸政党が解散し，大政翼賛会が結成された。

6．サイパン島の陥落以後，そこを基地とした本土空襲が本格化した。

7．沖縄戦では，ひめゆり隊など女子生徒の看護要員から多くの死者が出た。

1．誤（×翼賛選挙は1942年4月，東条英機内閣→○国民精神総動員運動）
2．誤（×日米修好通商条約→○日米通商航海条約（1911年））
3．誤（×復員→○疎開。復員は旧軍人の帰国）　4．正（火野葦平は『麦と兵隊』）
5．誤（×鈴木貫太郎内閣→○第2次近衛文麿内閣（1940年））　6．正（1944年）
7．正（男子は鉄血勤皇隊（てっけつきんのうたい）など）

問題：本冊 p.115

問1 ③　問2 ③　問3 ③　問4 ①　問5 ③　問6 ②

問7 ③　問8 ②　問9 ④　問10 ②

解説　問1　③…**X**×：**配給**と**経済統制**は終戦後も続いた。**Y**○：1946年2月発令。紙幣流通量は**金融緊急措置令**による預金封鎖と新円への切り替えで一旦減ったものの，**復興金融金庫**〔**復金**〕による融資で再び増加に転じた。

問2　③…①○：義務教育は1886年の**小学校令（学校令）**で事実上4年，1907年の小学校令改正で6年，1941年の**国民学校令**で8年（未実施），1947年の**教育基本法**で中学校を含む9年制となった。②○：占領期は1945年9月〜1952年4月。**湯川秀樹**のノーベル物理学賞受賞は占領中の1949年。なお，**朝永振一郎**以降の受賞はすべて独立後である。③×：**教育委員会**の教育委員は1948年の**教育委員会法**で公選制としたが，独立後の1956年に**鳩山一郎**内閣が知事や市区町村長〔**首長**〕による**任命制**へと改めて現在に至る。④○：1946年の**相沢忠洋**の発見に続き，旧石器時代の群馬県**岩宿遺跡**の調査を1949年以降に実施した。弥生時代の静岡県**登呂遺跡**でも調査が進んだ。

問3　③…①×：1955年に保守合同で成立した**自由民主党**の初代総裁は**鳩山一郎**。②×：1947年，**日本社会党**が民主党，国民協同党と連立したのは**片山哲**内閣。③○：1951年9月，第3次**吉田茂**内閣のときである。④×：1945年9月2日，**東久邇宮稔彦**内閣のときである。なお，降伏文書に調印したのは，政府代表の**重光葵**外相と軍部代表の**梅津美治郎**参謀総長である。

問4　①…**a**○：**衆議院議員選挙法**の改正は1945年。総選挙は1946年4月に実施された。**b**×：日本自由党の第1次吉田茂内閣が成立。自由民主党〔自民党〕の**石橋湛山**内閣は1956年。**c**○：日本自由党総裁の**鳩山一郎**もGHQにより**公職追放**された。**d**×：1946年の総選挙は旧憲法〔大日本帝国憲法〕の体制下。衆議院と非公選の**貴族院**が新憲法案を審議した。公選制の**参議院**は，新憲法体制下の1947年に開院した。つまり，1946年4月は衆議院のみ公選。

問5　③…①○：設問文を正しく読む必要がある。**日本国憲法**は1946年11月3日に公布，1947年5月3日に施行されたので1947〜49年に該当する。

②○：1947年2月1日の**ゼネラル=ストライキ**。労働条件の改善に加えて，吉田茂内閣の打倒や人民政府の樹立を唱えたため，GHQが直前に中止を命じた。③×：**ドッジ=ライン**は1949年で時期は正しいが，財政支出を削減した**緊縮財政（デフレ）政策**である。④○：日本がGHQによる占領中の1949年，**湯川秀樹**は日本人初のノーベル物理学賞を受賞した。

問6　②…**ア―財閥解体**：1945年から財閥解体が始まった。**経済安定九原則**は1948年で，これにもとづき1949年から**ドッジ=ライン**が行われた。**イ―サンフランシスコ平和〔講和〕条約**：1951年9月に**吉田茂**が調印し，1952年4月に発効した。**ポーツマス条約**は1905年の日露戦争の講和条約である。

問7　③…①×：**奄美群島**（鹿児島県）は1953年，**小笠原諸島**（東京都）は1968年，**沖縄諸島**は1972年に返還された。②×：**警察予備隊は朝鮮戦争勃発**後の1950年に発足した。**自衛隊**は独立後の1954年である。③○：**吉田茂**が1951年9月8日に調印した。④×：**中華人民共和国〔中国〕**と**中華民国〔台湾〕**は不招請。**インド・ビルマ・ユーゴスラビア**は不参加であった。

問8　②…**政策：X○・Y×**。**目的：a×・b○**。　「歴史総合」を意識した，戦中と戦後を貫く（日本の敗戦を歴史の分断ではなく連続とみる）歴史観がうかがえる出題である。やや複雑な出題形式にも慣れておく必要がある。**ス**ライドにある「食糧不足が深刻化」「小作料の引上げを禁止」「自作農創設の促進を決定」から，小作料を制限して地主の取り分を縮小する，つまり「小作人（耕作者）を優遇する政策」であることがわかる。この目的として，小作人も含む耕作者の生活改善を通して食糧生産を奨励（食糧増産を期待）したことを読みとる。**a**「寄生地主制を強化するため」は誤りであるが，ただし戦中はあくまでも**寄生地主制の解体**そのものより**総力戦遂行**のための政策であった。この戦中にみられる地主抑制策が，戦後にはGHQの指導のもとで**農地改革**として実現し，**寄生地主制の解体**に影響を与えたという歴史の連続性を読みとる。

問9　④…④×：**スライド**の折れ線グラフを分析する。1935年段階では兼業農家は30%以下なので専業農家の割合が高く，**高度経済成長期**の1965年とは様相が異なる。高度経済成長期は，農業など第1次産業従事者の減少とともに，**農業の副業化**も進んだ（農業外収入の方が多い第2種兼業農家の増加）。

①○：GHQの占領政策が**日本の民主化**と**非軍事化**であることを知っていれば正しいとわかるが、**スライド中の**「軍国主義の温床の除去」「寄生地主制の除去」から読みとる。②○：「政府主導の第一次農地改革案の決定」と「GHQの勧告にもとづく第二次農地改革の開始」から、GHQは日本政府による第一次農地改革案を不十分としたことを読みとる。具体的には、在村地主の貸付地を広さ5町歩まで認めた点、農地の買収と売却を担う**農地委員会**の構成（地主5：自作5：小作5）が地主に有利な点、小作料の一部物納を認めた点である。第二次農地改革では、在村地主の上限は平均1町歩（北海道は4町歩）、農地委員会は小作が不利にならない構成（地主3：自作2：小作5）、**小作料の金納化**と上限の公定（定額金納）に改められた。第二次農地改革は1946年の農地調整法改正（改正農地調整法）と**自作農創設特別措置法**にもとづいて1947年から本格化した。③○：棒グラフから農家の経営規模が、農地改革を経ても戦中（1935年）と戦後（1965年）で大きく変わらないことを読みとる。農地改革では自作農も所有地の広さが1町歩などに制限されたため、米作を中心とする家族による小規模経営が多く、1960年代の経済の自由化（**貿易の自由化**）以降、機械化が進む外国の大規模農業に対抗できない問題点も抱えていた。政府（池田勇人内閣）は1961年に**農業基本法**を定めて農業の機械化や大規模化、（米作以外の多品種生産など）多角化のための準備を補助したが、高度経済成長の時代になり、離農して企業や工場で働く人が増え、農業の副業化は進行した。

問10　②…**X—a**○：ソ連軍が1946年4月まで有効の**日ソ中立条約**を破棄して、1945年8月8日の宣戦布告後に侵攻したのは旧「満洲国」・朝鮮・樺太南部・千島列島など。**b**の台湾にはソ連軍は侵攻していない。**Y—d**○：沖縄は1951年調印の**サンフランシスコ平和条約**でも独立を果たせず、アメリカの施政権下（アメリカ軍の軍政下）に置かれた。**佐藤栄作**内閣による1971年調印の**沖縄返還協定**に従い、翌1972年5月15日に日本に復帰した。なお、**奄美群島**（鹿児島県）は1953年、**小笠原諸島**（東京都）は1968年にそれぞれ日本への復帰を果たした。

問題：本冊 p.120

問1 ⑥　問2 ④　問3 ③　問4 ①　問5 ④

問6 (1)④　(2)④　(3)①

解説　問1　⑥…**ア―う**：1900年代の「世界経済と国内産業の状況」なので**器械製糸**が**座繰製糸**の生産をすでに上回り，アメリカへの**生糸**輸出が伸びた時期である。**イ―い**：1980年代なので電気・電子製品の輸出が正しい。**あ**の新興財閥は1930年代の**日産**や**日窒**などが該当する。**ウ―Y**：**世界恐慌**でアメリカ向け生糸の需要が激減した。**X**の**傾斜生産方式**は1940年代後半で時期が合わない。

問2　④…①○：1963年に**GATT**〔関税及び貿易に関する一般協定〕の**12条国**から**11条国**，1964年に**IMF**〔国際通貨基金〕の**14条国**から**8条国**への移行と**OECD**〔経済協力開発機構〕への加盟で，日本は**貿易・為替・資本の自由化**を迫られ**開放経済体制**に移行した。②○：**国民総生産**〔**GNP**〕は1968年，当時の**西ドイツ**を抜きアメリカに次ぐ資本主義国で第2位となった。③○：1960年代に安価で熱効率のよい輸入原油に移行した。1959～60年の**三池争議**〔三井三池炭鉱争議〕は石炭から石油へ転換する画期となった。④×：1950年代の「**三種の神器**」は白黒テレビ・電気冷蔵庫・電気洗濯機。1960年代後半以降の「**新三種の神器**」〔**3C**〕はカー・クーラー・カラーテレビのこと。円安で日本市場は閉鎖状態のため，家電や自動車などは日本製品で占められ，輸出も内需もともに好調であった。

問3　③…**ア―PKO（国連平和維持活動）協力法**：湾岸戦争で軍事貢献を迫られ，**宮沢喜一**内閣が1992年に制定した。自衛隊の海外派遣の法的根拠となった。**テロ対策特別措置法**は2001年，アフガニスタン紛争時に**小泉純一郎**内閣が制定した。**イ―緒方貞子**は日本人さらに女性初の国連難民高等弁務官。**新渡戸稲造**は**札幌農学校**卒で教育者・農学者・思想家。1920年から**国際連盟**の事務局次長。五千円札（2007年まで）の肖像にも選ばれた。

問4　①…①×：1973年に**固定為替相場制**から**変動為替相場制**に移行し**円高**が進行した。②○：1976年，**ロッキード事件**で**田中角栄**元首相が逮捕された。③○：**環境庁**は1971年に設置。2001年の中央省庁再編で**環境省**となった。

④○：1973年の**第1次石油危機**後，翌1974年にマイナス成長となった。

問5 ④…Ⅰ：1965年，**佐藤栄作**内閣が締結し，**大韓民国（朴正熙政権）**を朝鮮半島における唯一の合法政府とした。Ⅱ：1956年，**鳩山一郎**首相が調印し，ソ連は日本の**国際連合加盟**を支持した。なお，北方領土問題があり，現在も日露間の**平和条約**は結ばれていない。Ⅲ：吉田茂内閣が1951年に結んだ**日米安全保障条約**を，**岸信介**内閣が1960年に改定した。新安保条約ではアメリカ軍の**防衛義務**を明記したが，**極東**での**自衛隊**との共同防衛となった。また，条約の期限が10年間となった。

問6 (1) ④…**ア**：1955年からの**神武景気**は1ドル＝360円という**円安状態**の**為替相場**と日本市場の閉鎖性に加えて，次の岩戸景気が「投資が投資を呼ぶ」ともいわれたように大企業による大規模な**設備投資**と**技術革新**によるものだった。「アメリカ軍による特殊需要」は**朝鮮特需**〔特需景気〕を指し，朝鮮戦争が起きた1950〜53年の日本の独立前後のことで時期が異なる。**イ**：「戦前最大の輸出先」であった中国には綿布や綿糸，綿織物が輸出されていた。戦後の**中国内戦**〔国共内戦〕に勝利した中華人民共和国をアメリカとともに敵視した日本は1972年まで中国と国交を結ばず，巨大な海外市場を失っていた。

(2) ④…①○：アメリカの水爆実験で被爆した**第五福竜丸**事件は1954年。翌1955年に被爆地の広島で**第1回原水爆禁止世界大会**が開かれた。②○：1950年結成の**総評**〔**日本労働組合総評議会**〕を中心に，労働組合が春の同一時期に連携して賃上げを求める**春闘**〔春季闘争〕方式は1955年から始まった。③○：1951年のサンフランシスコ平和条約の批准を巡り左派と右派に分裂した日本社会党の再統一と自由党と日本民主党の**保守合同**はいずれも1955年。憲法改正（自主憲法の制定）をめざす与党の**自由民主党**と，護憲（改憲阻止）に必要な三分の一の議席を確保する野党の**日本社会党**との**55年体制**は**細川護熙**内閣が誕生する1993年まで続いた。④×：**日韓基本条約**は1965年に**佐藤栄作**内閣が**朴正熙**政権と結んだもので時期が異なる。

(3) ①…**a**○：日米貿易摩擦（対米貿易黒字）のなか，農産物の輸入自由化を迫られた日本は，1988年に**牛肉とオレンジの輸入自由化**を決めたが，表ではそれ以前から果実の食料自給率が下がり始め，バナナなど外国産の果物

輸入が進んだことがわかる。**b×**：表では魚介類（ぎょかい）の食料自給率は90％以上を維持しており，水産物の輸入依存はうかがえない。**c○**：洋食関連品目として，米食（べいしょく）からパン食（小麦）への移行と肉類・牛乳及び乳製品の増加があり，関連品目の自給率低下（輸入増加）がうかがえる。**d×**：**専業農家**は高度経済成長期に減少し，農業外（がい）収入が中心の**第2種兼業農家**が増えたが，一方で表から輸入米の増加はうかがえない。米市場の部分開放は1993年からで，表の時期ではまだ開放していない。開放後も国産米の人気が高く，食用米の輸入は限定的である。

さらに ▶ 正誤問題に挑戦！

共通テストの成否を決める正誤問題で確認しよう。

1．長崎で第1回原水爆禁止世界大会が開催された。

2．1ドル＝360円の単一為替レート設定により，ニクソン＝ショックとよばれる混乱が発生した。

3．1974年に一次エネルギー供給で石油の比率が低下したのは，プラザ合意の影響である。

4．中曽根康弘内閣のときに，日本電信電話公社（電電公社）を民営化し，NTTに改めた。

5．1980年代後半に，日本労働組合総連合会（連合）が結成された。

6．イラクがクウェートに侵攻した結果，日本でも第二次石油危機が起こった。

7．1980年代に男女雇用機会均等法が制定され，消費税が導入された。

1．誤（×長崎は翌1956年の第2回→○広島が1955年の第1回）

2．誤（1949年のドッジ＝ライン）

3．誤（石油危機。プラザ合意は1985年）

4．正（1985年，国鉄の分割・民営化は1987年。JRが発足）

5．正（1989年）

6．誤（イラン＝イスラーム革命（1979年））

7．正（男女雇用機会均等法は1985年，消費税の導入は1989年（税率3％））

問1 ②　**問2** ③　**問3** ③　**問4** ③・④（順不同）　**問5** ①

解説 **問1** ②…松方正義大蔵卿による緊縮財政（デフレ）政策の内容が問われている。図を含めて松方正義の名はすべて隠されているが，時期・内容から判断する。①×：歳入増加は酒税や煙草税などの間接税を中心とした。なお，主財源である地租の税率は1873年の地租改正条例で地価の3％，1877年に2.5％に減税，第2次山県有朋内閣が1898年に3.3％に増税した。②○：政府は1882年に中央銀行の日本銀行を設立し，政府紙幣（不換紙幣）の処分による紙幣価値の安定と正貨準備率の上昇を経て1885年から日本銀行兌換銀券を発行した。なお，1897年の貨幣法により金本位制（金兌換）に移行したのも松方正義（首相兼蔵相）であった。③×・④×：緊縮財政政策では軍事費を除く歳出を削減し，官営事業も民間に払い下げた。なお，軍事費を抑制できなかった背景として，同時期に壬午軍乱（1882年），甲申事変（1884年）が起き，朝鮮半島を巡り日清両国が対立していたことがある。

問2 ③…③×：グラフの時期には日本に関税自主権がなく，輸入税率は1866年の改税約書の調印以来，低率であった。産業革命の成功で原料の綿花や紡績機械の輸入，綿糸や生糸の輸出が増えて関税収入は上昇するが，政府は紡績業育成のため，綿花の輸入税と綿糸の輸出税を撤廃する措置をとった。デフレの長期化との因果はないので③は誤り。①・②・④○：デフレ政策が進行した結果，農産物価格が下がり生産者は減収となるが，自作農の地租は定額金納のため税負担が相対的に重くなった。内需の縮小にともなう破産や地租の滞納で自作農が土地を手放して小作農に転落した結果，小作地の割合が増え，農民騒擾件数も増えた。④のグラフでピーク時の1884年には加波山事件や秩父事件が起きている。

問3 ③…X×：資料甲の出典に，八大紡績の一つの「三重紡績会社」の社名がある。紡績機械ははじめミュール紡績機，のちに女工でも操作が可能なリング紡績機を欧米諸国から輸入した。大阪紡績会社の成功により紡績業の企業勃興を促し，蒸気機関を用いた機械による大量生産が進んだ。官営中心の重工業と異なり，紡績業や製糸業は民業（民間企業）を中心に競争が激しく，

各企業は機械や原料綿花の輸入に主体的であった。**Y**○：**日本鉄道会社**は1881年設立の私鉄会社。官営**東海道線**（東京－神戸間）が全通した1889年には，営業キロ数で**山陽鉄道**や**九州鉄道**など私鉄が官営を上回り，鉄道会社も企業勃興期（私鉄ブーム）を迎えた。幹線鉄道網の整備は，資料**乙**にあるように江戸時代以来の水運の衰退に直結した。

問4　③・④（順不同）…複数の資料やデータから情報をまとめ，歴史を多面的・多角的に捉えることを求めている問題で，解答が複数の点でも新傾向といえる。①〜④はすべて**下関条約**で日本が獲得した正しい内容であるが，そのうち，イギリスの利益にもつながったものを資料から考察する。③○：**資料Ⅳ**から下関条約調印後の1896〜98年に清国がイギリスに賠償金返済のため借款していることがわかる。これがイギリスの中国における勢力範囲の拡大（**資料Ⅱ**）に有利に働いた。また，**資料Ⅲ**から，日清戦争後のロシアを想定した日本の軍備拡張（建艦）はおもにイギリスから調達したことがわかる。購入費には**資料Ⅰ**から日清戦争の賠償金が充てられていることがわかるので，イギリスに購入費が入る（利益になる）ことがわかる。④○：**資料Ⅱ**の（注）に「清国はイギリス……に片務的な**最恵国待遇**を認めていた」とあるので，イギリスが下関条約調印時に得ていなかった権利は何かを考える。**資料Ⅱ**に見える**長江**の通航権や**蘇州・杭州・沙市・重慶**など清が日本に初めて開港・開市した都市は，自動的に最恵国待遇をもつイギリスにも適用される。①・②×：ここではイギリスが直接利益を得る状況は発生しない。

問5　①…**X**―**a**：共通テストでは全教科とも文章や資料・図版・データを読みとる力が求められ，日本史では世界史や地理，公民との融合問題が出題される。地理的な統計を限られた時間内で処理する必要もある。選択肢の組合せから1946年は**a・b**，2005年は**c・d**から選ぶことがわかる。「**表の説明**」から「1946年時の米の消費量は1930年と比べて減少した」とあるので，少ない方の**a**が1946年（数値の大きい**b**が1930年）となる。**Y**―**c**：「牛乳・乳製品の消費量は増加し続け，肉類もほぼ同じ傾向」とあるので，いずれもデータは逆転（減少）しないことを読みとる。仮に1975年が**d**ならば牛乳・乳製品は33→103→252→194，肉類も6→20→78→62となり，「**表の説明**」とは矛盾してしまう。一方，**c**ならば矛盾しない。